sobinfluencia edições

KABBALAH ANTISION

וְאֵין דָּבָר שֶׁאֵין לוֹ סֶדֶק,
וּבְסֶדֶק נִפְתָּח הַדֶּרֶךְ.
(מסורת הַשְּׁבִירָה)

Nada existe sem fenda,
e é pela fenda que se abre o caminho.
(Tradição da *Schevirah*)

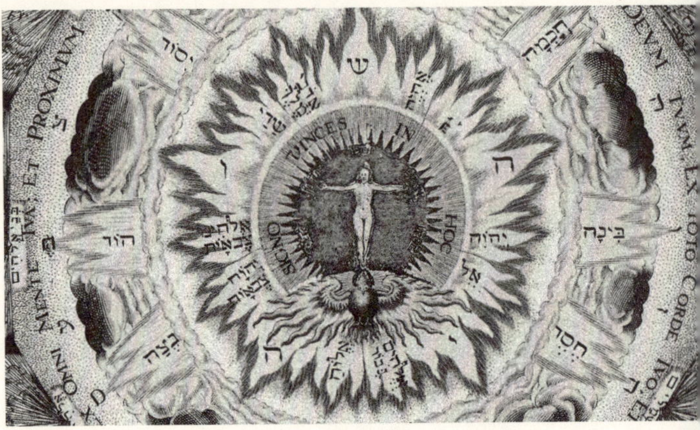
IN HOC SIGNO VINCES
DEVM TVVM EX TOTO CORDE TVO ET
MENTE TVA; ET PROXIMVM

עִבְרִי

HEBRAICO

Não é preciso entender hebraico antigo para mergulhar na kabbalah. Todas as letras quadradinhas dessa língua felizmente morta – e que, portanto, não pode ser capturada ou assimilada – são, na verdade, diagramas de deslocalização. Como tal, elas não realizam qualquer função "comunicativa", algo próprio do hebraico israelense, essa abominação escandalosa que só encontra símile na "língua" que vem sendo fabricada com velocidade por aquilo que hoje se nomeia, com notável cinismo, de "inteligência artificial".

Os sionistas asseguram que o hebraico bíblico foi ressuscitado. Mas a noção de ressurreição não é hebraica, e sim cristã. De fato, o que se desenvolve em Israel não deve ser visto como uma língua revivida, mas uma operação ideológica. O chamado *Ivrit ḥadashá* (עִבְרִית חֲדָשָׁה) não equivale a uma simples reconfiguração filológica, tratando-se antes de um híbrido técnico engendrado no laboratório nacionalista de

Ben-Yehuda. Trata-se de um código de controle, idioma à imagem e semelhança do projeto sionista. Em rigor, não passa de uma farsa funcional à mais intensa operação de traição do hebraísmo, ou seja, o sionismo. Chamemo-la, sem pudor, de sionês, guardando a palavra "hebraico" para o hebraico.

Pois bem, ao contrário do que parece, o hebraico não é uma língua. É um limiar, uma membrana, um sistema de resistência fonética à comunicação que jamais serviu ao poder. Daí sua intraduzibilidade. E sua intensa experienciabilidade e expressividade. Por isso, já em 1925, o polêmico Oskar Goldberg afirmou: "a escritura não espelha o mundo: resiste a ele" (1925, p. 42). Diferentemente, o sionês confunde intensidade com gramática, vibração com sintaxe, dobra com código, e assim serve ao Estado de Israel como instrumento de unificação. Goldberg vira *outra coisa*: uma topologia, um plano de imanência. Ele compreendeu que o hebraico não é um idioma, mas uma torção viva; não serve como língua nacional, sendo antes fuga do sentido.

Não admira, portanto, que a literatura hebraica secular anterior à *Shoah* tenha fracassado. Mapu, Bialik, Tchernichovsky: todos tentaram submeter o hebraico às formas do romance europeu, à lírica ocidental, ao corpo do Estado moderno. Não conseguiram. Porque o hebraico – não por resistência moral, mas por estrutura – se recusa a ser mais uma língua literária. Ele desorganiza a narração. Desfaz o sujeito. Nega-se a ser instrumento de contação de histórias. Ao resistir, sempre retorna ao *midrash*, ao sussurro do Nome ilegível, e com isso mostra – não ensina nem teoriza ou descreve –, nas palavras de Goldberg, que "o Nome de Deus não é signo. É o único acesso à perturbação da realidade" (1925, p. 117).

O hebraico não é uma linguagem de conceitos, eis que não serve para pensar, somente acessar. O adjetivo "hebraico", mais antigo do que a designação de uma língua com esse nome, vem da raiz ע־ב־ר (*ʿ–b–r*), que significa "atravessar", "passar além", "transitar". Assim, עִבְרִי pode ser entendido literalmente como "aquele que atravessa" ou "do outro lado", em referência à travessia ancestral de Abraão, que teria "vindo de além do rio" (o Eufrates, ao que parece). Essa língua singular não pertence à metafísica nem à lógica das essências, dado que não pretende representar, mas operar. Não diz o mundo; o articula. Não nomeia a verdade; curva-se diante de sua infinita defasagem.

Goldberg descreveu o hebraico como uma "arquitetura de presença sem transcendência" (1925, p. 124). Nele não há sujeito nem espírito, apenas membrana e fricção que não expressam ideias, preferindo configurar ritmos de passagem. Eis a razão por que certos termos do hebraico resistem à tradução, já que não são categorias, e sim dispositivos de acesso, vetores que modulam intensidades, não significados. Como veremos em detalhe, *etzem* (עֶצֶם), por exemplo, não significa essência, mas estrutura diferenciadora. *Korban* (קָרְבָּן) não é sacrifício, indicando antes um gesto curvado de aproximação. Já *tumah* (טֻמְאָה), normalmente lida como "impureza", é interrupção rítmica. *Kavod* (כָּבוֹד), que autores de alto nível como Agamben traduzem por "glória" ou "luz", é algo muito mais perturbador, ou seja, massa que resiste à sincronização e não ilumina, mas pesa. Cada um desses termos – e muitos outros – atuam como dobras nos fluxos de sentido. Não se trata então de simbolismo ou de representação, mas de operação. A linguagem hebraica não organiza o mundo em conceitos; ela o fragmenta em zonas de latência, câmaras de intensidade, falhas de sincronização. Seus dispositivos de acesso são extensões estruturais do hebraico concebido enquanto máquina imanente, jamais forma transcendental. Nessa perspectiva operativa, *korban* não destrói, e sim transmite com atraso. O corpo ritual não se purifica; se ressincroniza. *Tumah* não suja; interrompe o pulso.

A partir dessa leitura, a *kabbalah* já não pode ser entendida como mero sistema simbólico, ao modo de Scholem, sendo antes uma potente arquitetura filtracional em que as *sephiroth* não representam atributos divinos, somente filtros de acessibilidade. *Ayin Sof*, por exemplo, não é fonte ou Deus, e sim ausência curvada. Inclusive a importante ideia de *tikun olam*, fundamental para filósofos-teólogos como Benjamin pensarem as ideias de redenção, restauração e *restitutio in integrum*, deixa de se referir a uma te(le)ologia redentora. *Tikun* não repara o mundo; o recalibra em seus descompassos por meio de operações microintensivas entre forças incompatíveis, dando lugar a uma fina engenharia do desencontro.

Conceber o hebraico enquanto língua operativa e plataforma de (des)localização exige o abandono da ideia de que pensar significa representar, possuir, conhecer. No hebraico estrutural redescoberto por Goldberg, pensar consiste em falhar na sincronização, chegar sem fundar, abrir uma cifra sem código, eis que "a língua hebraica não conhece conceitos. Ela não é um meio da filosofia, mas da travessia" (Goldberg, 1925, p. 124). Longe da gramática dos sistemas e das verdades, o hebraico opera por curvas, desvios, retardos. Seu gesto típico não é o de estabelecer, mas o de permitir a chegada do que não se fixa. Surge assim uma linguagem que não serve para nomear, apenas para tocar – por dentro e por trás – aquilo que nunca se deixa dizer. Semelhante à máquina-Deleuze, o hebraico produz filhos monstruosos. Ele não é teologia. É ritmo de despossessão.

Agora pode-se entender melhor porque o sionês nada tem a ver com o hebraico. Semelhante ao judeu errante, o hebraico não retorna, mas rompe, sendo-lhe impossível se identificar com as dinâmicas da narrativa, em especial aquelas de matriz fascista que fundamentam o sionismo. Desde a sua origem, o hebraico não servia primordialmente para a elaboração de histórias ou para a construção de conceitos, pois se tratava de um idioma do limiar, do corte e da passagem que não nomeia o mundo, antes o desdobrando em fraturas acessíveis.

Com efeito, o hebraico bíblico não pretendia ser espelho do real, e sim um operador de ritmos, de intensidades filtradas. É por isso que o sionês não representa um retorno ao original, como tantas vezes se afirma; trata-se, antes, de uma ruptura funcional disfarçada de continuidade. Sionês é hebraico convertido em filtro técnico, em protocolo estatal de acessibilidade, equivalendo à zumbificação de uma língua morta, agora transformada em língua de Estado. Para tanto, o gesto ritual tornou-se estrutura administrativa. Enquanto o hebraico opera como *zazua* (זַזוּעַ) – vibração filtrante, contração do possível sem semântica fixa –, o sionês estabiliza, normaliza e esvazia. A perda se faz evidente não apenas no léxico, mas na própria estrutura de funcionamento da língua, pois o hebraico é uma membrana que modula a relação com o invisível, enquanto o sionês não passa de vetor de normatividade.

Oskar Goldberg vê na língua hebraica um lugar de fissura e não de unidade, dado que "o povo não fala com sua língua, mas através da fissura entre suas letras" (1925, p. 46). O que lhe interessa, portanto, não é identidade nacional ou coesão semântica, mas o rasgo interno da linguagem. Goldberg não invoca o povo nem a tradição, mas a letra insignificativa, o signo que falha, o nome que vibra onde a realidade se desordena. Como visto, para ele o Nome de Deus não é símbolo nem índice, e sim acesso possível à perturbação do real. O Nome, mais do que conteúdo, se modula como ruído, zona de falha. E é justamente nessa falha, na ausência de vogais que possam fechar de uma vez para sempre o sentido, que a linguagem hebraica se mostra mais potente. Cada palavra, segundo Goldberg, equivale a um resto que resiste à decifração; cada frase abre uma dobra que não se resolve. Não há sujeito nem identidade linguística no hebraico, apenas topografia como intensidade, letra que é tensão filtrante, ausência palpitante.

O hebraico bíblico se diferencia radicalmente de seus usos posteriores, dado que ele se organizava não em torno de significados, mas de acessos que curvam o plano por onde eventualmente a verdade se deixa tocar, eis que o pensamento não se realiza na representação, mas na torção. O hebraico não diz, (in)filtra. Não funda, só chega. E chega sempre tarde. Ao tentar reanimar o hebraico como instrumento nacional, a Modernidade não o resgatou, e sim o neutralizou ao transformar uma linguagem de ritmos e resistências em uma língua funcional, limpa e ordenada. Assim, há exatos cem anos, com a publicação de *A realidade dos hebreus* (1925), Goldberg já criticava profeticamente aquilo que viria a ser o sionês: "O movimento sionista moderno não sabe o que fazer com a realidade hebraica, pois ela se recusa a qualquer funcionalização como língua nacional ou culto estatal" (1925, p. 132). A linguagem que antes vibrava entre ausências tornou-se então veículo de presença regulada.

Definitivamente, o hebraico não ressuscitou. Ele não volta, não reconcilia, não representa. Ele quebra. Rompe o mundo em zonas assimétricas de acesso, em camadas filtrantes de presença. Ele fala. Mas não com palavras, só com os intervalos entre elas, com os limiares que conformam redes multipolares de tensão. Pensar a partir do hebraico exige pensar a partir da falha. Mas não da falha enquanto erro, e sim estrutura. É uma linguagem que, em vez de significar, desloca. Ao invés de contar, perturba. Que não funda um povo, mas abre uma fenda. O hebraico não era um idioma de identidade. Era – e ainda é, ao menos em potência – uma máquina de despossessão. Um ritmo sem centro. Um nome que não aponta para nada. Apenas vibra no vazio.

2
3
4
4

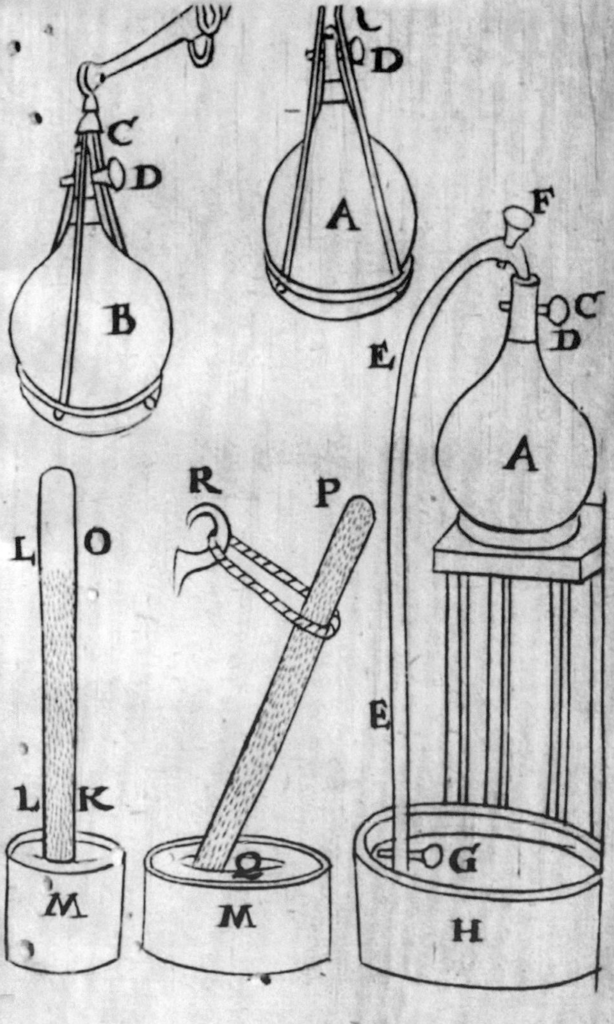
C
D
B
A
D
F
C
D
E
A
R
P
L
O
E
L
K
Q
G
M
M
H

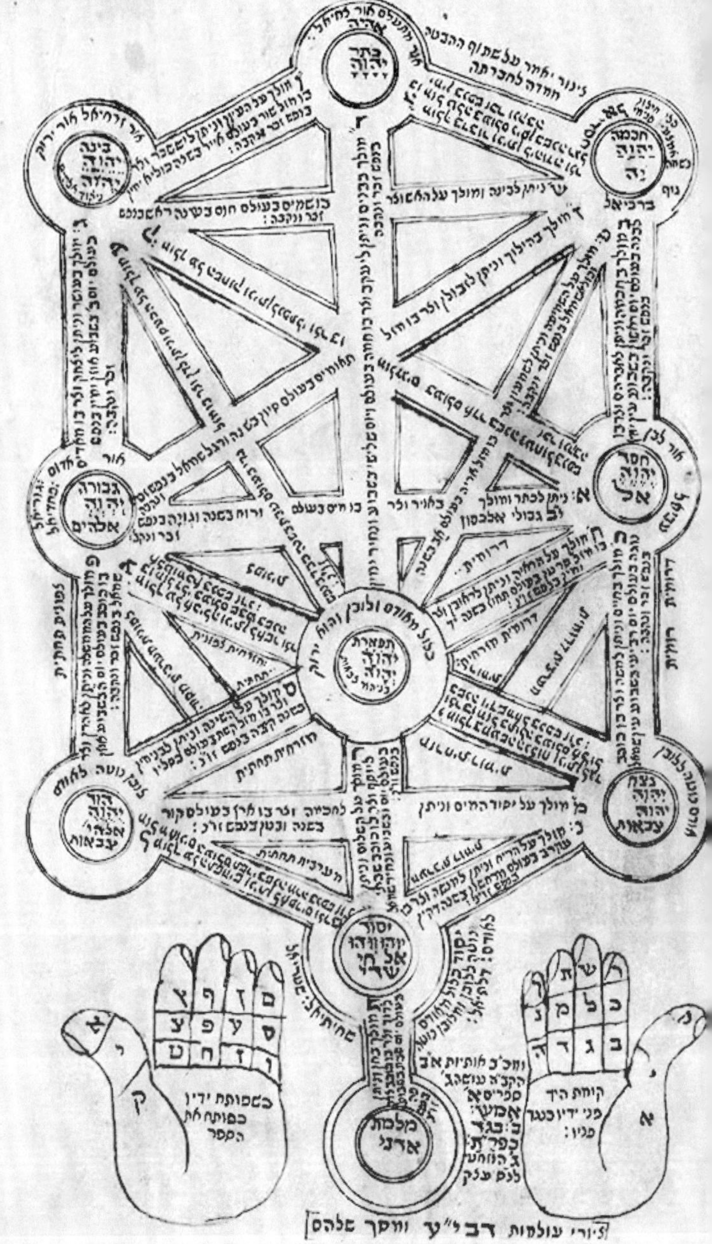

[ציורי עולמות דב״ע ומסך שלהם]

קַבָּלָה

KABBALAH

Enunciação absoluta

Mais do que qualquer outro grupo humano, os judeus merecem ser chamados de "povo do livro", tamanha é a importância que a escritura assume para eles. Desde muito cedo, os judeus viram similitudes importantes entre o ato da escritura e a criação divina. Assim, não é por acaso que muitas das saborosas lendas judaicas brinquem – quase sempre de maneira sombria – com a possibilidade de, emulando Deus, o ser humano criar vida. É o que ocorre, por exemplo, no célebre mito do golem, imortalizado pelo romance de Gustav Meyrink (1915) e pelo poema homônimo de Jorge Luis Borges integrante de *El otro, el mismo* (1964), textos nos quais se narra a *hýbris* de Judah Löw Ben Bezaleel, rabino de Praga que, querendo criar um homem a partir da lama, acabou trazendo ao mundo uma criatura muda e informe – "golem" significa, literalmente, "embrião" – ao modelar um boneco e escrever em sua testa a palavra *emet* (אמת), ou seja, "verdade". Quando o golem se tornou violento e começou a atacar a comunidade judaica, o rabino teve que destruí-lo, e, para tanto, apagou a primeira letra da palavra mágica, com o que restou *met* ("morto", מֵת).

A figura do golem revela aquilo que Oskar Goldberg teria chamado de perturbação ritual da linguagem criadora. A escritura, quando dissociada da modulação coletiva e do ritmo da presença, degenera em automatismo mágico. Nesse sentido, o golem não é apenas um mito sobre a criação artificial, mas uma alegoria da linguagem que perdeu seu filtro e se converteu em performatividade cega, algo muito semelhante ao que ocorre com o sionês. O problema não está em criar vida, mas em abolir o tempo entre o Nome e a presença. A enunciação absoluta, ao se tornar imediata, destrói o próprio campo de modulação em que a verdade (*emet*) era suportável. Nesse horizonte, Goldberg nos lembra que o Nome não atua por referência, mas por fratura. Eis porque o golem não fala, e sim ressoa o Nome enquanto ruído sem código. Sua existência, bem como a da própria língua hebraica, revela a falha onde o real se curva. O golem, portanto, não é um boneco falante, mas um artefato vibracional que, contudo, não produz sentido, somente dissonância. Goldberg compreenderia sua vibração enquanto modalidade falha de acesso ao Nome, dado que, semelhante ao hebraico, o golem não representa, antes encarna o desequilíbrio entre signo e criação.

De qualquer forma, essa não tão inocente fábula – o golem teria sido criado para proteger os judeus dos ataques antissemitas comuns no gueto de Josefov – ilustra a importância da palavra para os judeus. Na cultura judaica ela não é, como na metafísica ocidental de matriz platônica, uma representação do mundo, correspondendo antes à sua verdade mais profunda. No Ocidente grego a palavra serviu para indicar a realidade superior da Ideia. Segundo Platão em sua famosa *Carta VII*, o nome (*ónoma*), a definição (*lógos*), a imagem (*éidolon*) e a ciência (*epistême*) são os veículos representativos para acessar uma suposta realidade superior que, entretanto, só se dá à experiência na medida em que se deixa representar, sendo impossível, ao menos para os mortais comuns, conhecer *a coisa mesma* sem mediação ou representação (Enaudeau, 2006, p. 32). Diferentemente, a palavra hebraica – que, afinal, foi o veículo do *fiat* divino – torna possível o mundo, criando-o e sustentando-o.

Todavia, mais essencial que a palavra são as letras, esses "blocos de construção da criação", segundo ensina o *Sefer Yetsirah* (*Livro da criação*), o mais antigo texto hebraico de pensamento sistemático-especulativo que conhecemos (Scholem, 1989, p. 21). Daí por que só entre os judeus poderia ter surgido algo tão espantoso como a *kabbalah* (קַבָּלָה). Defini-la enquanto mística judaica seria dizer muito pouco. Trata-se talvez do estrato mais profundo da peculiar sensibilidade gramatológica dos judeus, que entendem, assim como Borges, que o destino do mundo é acabar em um livro. As várias correntes da *kabbalah* se dedicam à arte de combinar e recombinar as letras da *Torah* (תּוֹרָה) – literalmente, "instrução", "lei", a *Torah* contém os cinco livros que Moisés presumivelmente teria escrito –, intuindo que para além de sua forma terráquea há outras *Torahs* em potência no texto divino. Por meio de sofisticadas técnicas de análise, os cabalistas pretendem encontrar na *Torah* a dimensão total e originária da criação que se confunde com o nome de Deus. Afinal, Deus não é mais do que *isto*: enunciação absoluta, o discurso total do "Sou o que Sou".

Diz-se em hebraico: "*Ehyeh asher ehyeh*" (אֶהְיֶה אֲשֶׁר אֶהְיֶה), expressão que pode ser traduzida como "Sou aquele que é". Já na versão grega da *Septuaginta*, essa sentença é vertida com o auxílio do particípio presente do verbo "ser" (εἶναι), *tò ón* (τὸ ὄν), "o sendo", indicando assim o ser em movimento. A tradução grega aparece como "*egō eimí ho ōn*" (ἐγώ εἰμι ὁ ὤν), quer dizer, "eu sou o Sendo", deslocando dessa forma o foco da abertura temporal hebraica para a substância helenística, entendida enquanto permanência movente. Mas Quem é que É? Coloca-se aqui em jogo a impronunciabilidade do tetragrama exclusivamente consonantal YHWH (יהוה) que, por conveniência linguística e tradição teológica, traduz-se como *Javeh* ou *Jeovah*, ainda que tais formas não existam no hebraico original. Convém sempre lembrar que os judeus praticantes são tradicionalmente proibidos de pronunciar o Nome divino, razão pela qual, ao se referirem a Deus, utilizam substituições reverentes como *Adonai* (אֲדֹנָי, "o Senhor"), *HaShem* (הַשֵּׁם, "o Nome") ou ainda expressões como *Elohim* (אֱלֹהִים), dependendo do contexto ritual, litúrgico ou escritural.

Os problemas da tradução do nome de Deus indicam que na *kabbalah* as palavras não são uma ponte para o mundo, mas o próprio mundo. De fato, a *kabbalah* parte da desarticulação entre o falho conhecimento humano e um princípio imutável, eterno e sem limites chamado *Ayin Sof* (אין סוף), o qual não pode ser conhecido como objeto, pois corresponde à própria base – necessariamente vazia – que torna possível qualquer conhecimento. Trata-se de Deus antes de sua automanifestação na criação e que, por não possuir nenhum atributo, se assemelha ao Nada. Na *kabbalah*, é um Ser-Sem--Nome que, paradoxalmente, torna possível todos os nomes. Consta do *Zohar*:

> Antes de dar qualquer forma ao mundo, antes de produzir qualquer forma, Ele estava sozinho, sem forma e sem semelhança com qualquer outra coisa. Quem então pode compreender como Ele estava antes da Criação? Por essa razão, é proibido emprestar-lhe qualquer forma ou semelhança, ou até mesmo chamá-lo pelo seu nome sagrado, ou indicá-lo por uma única letra ou um único ponto… Mas depois que Ele criou a forma do Homem Celestial [עלאה אדם], Ele o usou como uma carruagem [מרכבה] para descer, e Ele deseja ser chamado de acordo com Sua forma, que é o nome sagrado "Yhwh" (parte II, sec. "Bo", 42b).

Nessa perspectiva, a *kabbalah* assume integralmente aquele caráter autopressuponente que Giorgio Agamben (1982) vê na linguagem, em especial quando declinada sob as formas da poesia e da filosofia. Segundo o filósofo italiano, falar pressupõe a radicalidade do sem-sentido de toda fala, que não pode funcionar a não ser quando ela se suspende no vazio e toma a si mesma enquanto fundamento. Isso significa que pensar, falar e escrever não são atos simples como comumente julgamos, mas atividades complexas que só funcionam tendo em vista um limiar em que toda significação naufraga, abrindo diante de nós o signo, o *gramma* em sua pura materialidade e existencialidade, prenhe da potência de significar. Contudo, tal potência somente passa ao ato por meio do esquecimento do caráter problemático da linguagem que, por exemplo, ao apontar para um *isto* ou um *eu*, não assume nada de material que preencha de uma vez por todas essas puras enunciações. *Isto* e *eu* são *shifters*, operadores vazios que não se referem a nada, a não ser à própria linguagem, ao fato de que algo é posto em jogo *pela* e *na* linguagem, de maneira que, no limite, toda linguagem é autorreferencial.

Talvez nenhuma outra dimensão do discurso humano leve tão a sério essa constatação do que a poesia, e certamente não é coincidência o fato de a *kabbalah* ter surgido em sua forma escrita mais refinada nos séculos XII e XIII no sul da França (Scholem, 1989, p. 39), ou seja, na mesma época e lugar – o Languedoc – em que a poesia ocidental sofria uma inflexão decisiva que iria torná-la consciente do poder ao mesmo tempo criador e nulificante da linguagem, como provam, por exemplo, o *trobar ric* de Arnaut Daniel ou o *trobar clus* de Marcabru. Semelhante à *kabbalah*, a poesia trovadoresca do Languedoc, logo exportada e reinventada nos reinos medievais galaico-portugueses, exibe essa extrema consciência do falar e do pensar, atividades que precisam pressupor o silêncio do indizível Nada – o *Ayin* da *kabbalah* – para articular a língua diante da *in-fância*. Esta consiste, de acordo com Agamben (1977), em um limiar que sempre está se dando entre o silêncio abismal do não dito e o além da linguagem. In-fância indica aquilo que nunca termina de acontecer, apontando para o plano de imanência onde se joga a possibilidade de certa espécie de mamífero fazer-se humano. É entre o *ainda não* e o *já não mais* da linguagem que algo como a antropogênese pode acontecer. Poesia, filosofia e o seu encontro – neste livro declinado sob a forma da *kabbalah* – correspondem às suas testemunhas.

Traduttore, traditore

Para os cabalistas tradicionais, a (des)ordem intrínseca ao mundo não é um dado natural, mas reflexo da *Torah*, livro anterior ao universo que não apenas guardaria os seus segredos, mas o teria criado. A realidade, nessa perspectiva, corresponde a um texto cifrado, a uma superfície feita de palavras e signos em perpétua mutação. Bastaria ao iniciado decifrar a verdade escondida na *Torah* para acessar a estrutura do universo e, por conseguinte, nele intervir. A *kabbalah* é o veículo para tanto. Acredita-se que por trás das abismais permutações de letras, números e formas predicadas nos tratados cabalísticos esconde-se o nome secreto de Deus, cifra última que mantém a realidade em suspensão. Trata-se de uma concepção em que o conhecimento não se separa da operação: ler é intervir, decifrar é tocar, permutar é desestabilizar. E, como todo gesto que opera na base do mundo, isso implica os riscos típicos do ato de conhecer que, para a *kabbalah*, nunca constitui uma operação neutra. Um famoso alerta atribuído ao rabi Ischmael e dirigido aos cabalistas ilustra bem essa situação: "Filho meu, tenha cuidado com seu trabalho, porque é o labor de Deus; se omite uma só letra, ou escreve uma letra a mais, destruirá o mundo" (Sosnowski, 1991, p. 18).

Essa advertência não deve ser lida como metáfora. Ela revela o núcleo explosivo da *kabbalah*, que não é uma filosofia nem uma teologia, mas uma máquina operatória vertiginosa, em constante fricção com o real. Ela nada tem a ver com o Ser, esse equívoco monumental fabricado pela ontologia grega. O que está em jogo nela não é o fundamento, mas o movimento. Portanto, a *kabbalah* se revela como topologia, não enquanto ontologia pura e simples, ainda que, por óbvio, ela tenha dimensões ontológicas. As incontáveis combinações, recombinações, permutações e dissoluções que sempre caracterizaram o pensamento cabalístico tradicional têm por objetivo declarado revelar o nome secreto de Deus, mas esse nome, se é que existe, não fixa nada. Ele é fluxo, deslocamento, trânsito, salto, refluxo. Deus é curvatura, não substância. Nesse contexto, o Ser não se funda nem se origina, mas apenas se efetua colateralmente, revelando-se enquanto epifenômeno: cinzas que restam do sacrifício, jamais o próprio sacrifício. De fato, no pensamento cabalístico o Ser não é um substrato ou algo similar ao *hypokéimenon* (ὑποκείμενον) aristotélico, mas intensidade distribuída em topologias locais de acessibilidade. Por não dizer o que é, mas vibrar, a *kabbalah* abre um *ter lugar* convulsivo, um *habitar* oscilatório. Porém, exatamente por isso, ela também abre uma ética, quer dizer, um modo de se situar na instabilidade do inominável.

Nessa perspectiva, parece-nos instrutivo observar como a *kabbalah* foi, ao longo dos séculos, sistematicamente neutralizada pelo pensamento filosófico-científico ocidental. Deslocada de sua potência operativa, ela acabou reduzida a uma doutrina esotérica inofensiva, alocada ao lado da magia, da alquimia, do tarô e de outras supostas excentricidades que, segundo a narrativa moderna, expressariam apenas uma "mentalidade mística" ou "pré-científica", representando etapas poéticas e imaturas do espírito humano. Esse processo de domesticação já se evidencia na própria tradução do termo. Em hebraico, קַבָּלָה (*kabbalah*) significa, literalmente, "recebimento". No entanto, opta-se, como fez o próprio Scholem (1989, p. 21), por verter o termo como "tradição", um substantivo pesado, impregnado de ressonâncias ontológicas que acabam por inscrever a *kabbalah* na onto-lógica do Ser e da transmissão estável. Parece uma escolha inofensiva, uma tentativa razoável de traduzir um conceito complexo. Mas é aí, nesse gesto aparentemente neutro, que se manifesta a operação de apagamento. Ao traduzir *kabbalah* por "tradição", desloca-se o foco do ato de receber para a substância do que é recebido. O movimento, o gesto, a abertura que define o recebimento como prática e disposição, acaba então obscurecido por um substantivo que já pressupõe um conteúdo dado, um saber cristalizado. Perde-se assim a dimensão operativa, processual e profundamente instável que constitui o núcleo da experiência cabalística.

Tzimtzum: inspiração

Nas traduções domesticadoras revela-se a distância intransponível entre o pensamento ocidental – que busca organizar, representar, traduzir – e a *kabbalah* como operação, formulação que atinge a sua massa crítica no pensamento do rabino Isaac Luria (1534-1572), cuja doutrina representa uma inflexão radical na tradição mística hebraica. Ele funda a sua leitura no *Séfer ha-Zohar* (*Livro do esplendor*), texto cabalístico surgido na Espanha do século XIII e publicado por Moisés de León. Atribuído ao lendário rabino Shimon bar Yohai, o *Zohar* já aparecia aos cabalistas anteriores a Luria como texto-limiar, sendo ao mesmo tempo comentário e criação, exegese e delírio. Mas é com Luria que o *Zohar* se converte em máquina cosmogônica invertida capaz de produzir uma teologia sem fixidez feita de retrações, falhas, quebras e reconfigurações.

Ainda que a doutrina luriânica tenha, em muitos aspectos, retorcido, desviado e radicalizado as concepções predominantes da *kabbalah* anterior – a exemplo das noções de emanação contínua do divino, de harmonia entre as *sephiroth* e de correspondência ordenada entre os mundos superiores e inferiores –, ela foi recebida, tanto pelos círculos intelectuais quanto por amplos setores do povo judeu, como a formulação mais autêntica e visceral da experiência cabalística. Isso porque, mais do que propor um sistema especulativo fechado ou um mapa esotérico do cosmos, a *kabbalah* de Isaac Luria oferece um modelo de mundo originariamente fraturado, um universo ferido em sua própria constituição, no qual a criação já carrega, desde o início, a marca do colapso, sendo que a única possibilidade de reparação (*tikun*) não reside em atos grandiosos ou metafísicos, mas em gestos mínimos, micropolíticos, simbólicos e rituais que sejam capazes de recompor, mesmo que fragmentariamente, o tecido esgarçado do real. Com isso, a *kabbalah* deixa de ser apenas leitura distante de um texto sagrado e passa a operar diretamente sobre a estrutura do mundo, transfigurando o ato interpretativo em ação efetiva e deslocando o centro da experiência mística para uma prática que é, ao mesmo tempo, simbólica, ontológica, litúrgica, ética e política.

O pensamento cabalístico de Luria encontra seu ponto de partida em uma potente imagem de força teogônica: o *tzimtzum* (צמצום), a retração divina. Abandonando a ideia de criação *ex nihilo*, tão ao gosto dos cristãos, Luria explica que Deus, para tornar possível o mundo, recolheu-se em si mesmo, contraindo sua própria infinitude. Esse gesto é mais do que uma retirada, indicando um tipo de descentramento absoluto: a luz infinita de Deus (*Ohr Ayin Sof*, אור אין סוף) recua, abrindo um espaço vazio (*halal*, חלל) no interior do ilimitado. Dessa feita, o espaço, até então inexistente, emerge como consequência dessa ausência e o Ser se inscreve na fratura. Nas palavras de Scholem:

> O primeiro ato do Criador não foi a revelação de Si mesmo para algo exterior. Longe de ser uma marcha para fora, ou uma "saída", de seu oculto *self*, o primeiro passo foi, preferencialmente, uma retirada ou retração. Deus retirou-se "de si mesmo para dentro de Si mesmo"; e, mediante este ato, abandonou dentro de Si mesmo uma região ao vazio, abriu espaço para que os mundos se constituíssem. De algum ponto dentro da luz do *En-Sof*, a divina essência, ou "luz", partiu; retirando-se para a profundeza do *En-Sof*, deixou-se um espaço vazio no meio. Com relação ao infinito *En-Sof*, este espaço não passava de um ponto infinitesimal, mas em relação à criação era o total espaço cósmico. Deus só podia manifestar-se porque antes se retirara, ou "se contraíra", Ele próprio (1995, p. 29-30).

A ideia de *tzimtzum* representa, segundo Gershom Scholem, "a única tentativa séria jamais envidada com o fito de dar substância à ideia da Criação a partir do Nada" (1988, p. 133). Ao contrário dos modelos emanativos neoplatônicos, segundo os quais o mundo deriva de uma plenitude transbordante e harmônica, a doutrina de Isaac Luria propõe algo muito mais perturbador, pois Deus não cria emanando, e sim se retraindo. Ele não expira, mas inspira, se recolhe, se contrai, de maneira que o mundo não nasce do excesso divino, e sim de sua ausência. De fato, no *tzimtzum* Deus recolhe-se para dentro de Si, conformando um autoexílio, uma contração de Sua própria essência sem o que não haveria espaço para o outro. Assim, não há continuidade entre Criador e criação, mas uma lacuna originária. Scholem descreve esse gesto como um autobanimento, ou seja, um recolhimento que inaugura o vazio primordial traduzido na cavidade pneumática chamada de *tehiru* (תְּהִירוּ) pelos cabalistas. Trata-se de um espaço não apenas metafórico, indicando antes uma autêntica ruptura ontológica, pois a contração de Deus cria o primeiro intervalo, o primeiro "fora", uma *zona de não-Deus* que constitui a condição paradoxal para que *algo que não seja Deus* exista.

Pode-se entrever na *kabbalah* luriânica uma inscrição radical da alteridade que subverte toda pretensão de unidade ou identidade, estando assim no extremo oposto do horizonte sionista. O universo de Isaac Luria não se ancora em uma origem presente, mas em uma ausência inaugural. O *tzimtzum*, longe de ser mera fábula teogônica, delineia uma arquitetura do pensamento em que a relação entre Deus, mundo e linguagem é inteiramente deslocada. Só há criação porque Deus se retira. Porém, essa retirada não significa recusa nem silêncio, instaurando um gesto primeiro de hospitalidade infinita, um amor que abre lugar para o outro. Nada poderia estar mais distante do sionismo genocida e suicidário.

Sephiroth: expiração

Quando se dá o *tzimtzum*, causa e efeito já não se distinguem com clareza, pois o vazio criado pela retração de Deus torna-se campo de intensidade instável onde a criação *pode ou não* ocorrer. Tem-se aí uma figura não da *arkhé*, mas da potência. Nada obstante, segundo Isaac Luria, no espaço aberto pela retração de Deus surgem as dez *sephiroth* (סְפִירוֹת), tradicionalmente entendidas como atributos divinos. Scholem propõe algo mais radical, pois para ele as *sephiroth* não seriam acidentes do divino nem instrumentos intermediários, mas o próprio Deus em seu autodesdobramento, os nomes que Deus dá a si mesmo. Não são atributos nem propriedades, mas atitudes, eventos divinos. As *sephiroth*, nesse sentido, não expressam o que Deus *é*, mas o modo *como* Ele acontece. São topologias do vir-a-ser, não do Ser. Nessa perspectiva, a criação não nasce de uma substância originária, e sim da enunciação dos nomes divinos, cada qual sendo um modo de autodoação, modulação e manifestação. A sequência das *sephiroth* forma a famosa árvore da vida. Cada uma delas encarna um estágio no processo de emanação e diferenciação da unidade divina:

1. *Kether* (כתר): a "coroa", a primeira e a mais etérea das manifestações é pura potência, algo como o *big-bang* do sistema cabalístico, a sua centelha divina.

2. *Chokmah* (חכמה): a "sabedoria", a ideia primordial, o princípio ativo e masculino. Trata-se de energia pura ainda não materializada, pensável como uma espécie de salto quântico.

3. *Binah* (בינה): o "entendimento", o polo receptivo e feminino. Funciona como uma matriz lógica que controla a expansão de *chokmah*, tal como a forma limita a força, equilibrando assim ambos os polos.

4. *Chessed* (חסד): a "misericórdia", o "amor", a generosidade divina em expansão, o desejo de doar-se. Aqui o universo começa a se manifestar.

5. *Geburah* (גבורה): a "severidade", o "poder". Encarna a capacidade destruidora da força e do juízo que seria letal se não fosse equilibrada por *chessed*.

6. *Tiphareth* (תפארת): a "beleza", síntese harmônica entre a graça e o juízo, está no centro da árvore, tornando possível o seu equilíbrio. Opera à semelhança de um transmutador entre os planos da força e da forma, dividindo o macrocosmo e o microcosmo.

7. *Netzach* (נצח): a "vitória" que perdura e supera os próprios limites, propagando a criatividade do pensamento divino. É a dimensão dos sentimentos.

8. *Hod* (הוד): "majestade", esplendor reverberante que se liga à lógica e ao pensamento concreto.

9. *Yesod* (יסוד): o "fundamento", ponto de convergência das forças, eixo transmissor que funciona como um acumulador das oito *sephiroth* anteriores, preparando-as para a transmissão ao mundo material.

10. *Malkuth* (מלכות): o "reino". Trata-se da mais pesada das *sephiroth*, identificando-se com o mundo material e o desejo que surge da distância em relação à primeira *sephirah*.

Essas dez emanações não representam estágios fixos ou hierarquias estáticas. São vetores dinâmicos, zonas de passagem em que o divino se dobra sobre si mesmo, se retém e se diferencia. Na *kabbalah*, a criação é sempre um processo em curso, estando marcado pela fragilidade do vazio inicial e pela oscilação entre retração e revelação. Tal pode ser percebido nas infinitas relações, nenhuma delas linear e de mão única, que se dão entre as *sephiroth*. Com efeito, a árvore da vida não representa um mero esquema teológico ou cosmológico, mas uma topografia de acesso, uma arquitetura intensiva e potencial que cartografa a transição entre o visível e o invisível, entre o humano e o divino. Ela se desdobra em quatro planos, que não correspondem a estágios sucessivos da criação, mas a regimes de intensidade, zonas filtrantes de manifestação e de retração da luz divina:

1. *Atziluth*, o mundo das emanações, é o mais sutil e inapreensível dos planos. Nele não há separação entre vontade e ação porque Deus atua

sem mediação angélica, agindo enquanto pura potência de manifestação. Nesta dimensão estão as *sephiroth* supremas – *kether*, *chokmah* e *binah* –, que não significam, mas incidem.

2. *Beriah*, o mundo das criações, já conhece a densidade, o contorno e a mediação. Nele a vontade divina se refrata por meio de grandes arcanjos que funcionam como filtros. As *sephiroth* deste plano – *chessed*, *geburah* e *tiphareth* – são instâncias de potência que, embora derivadas, ainda participam da luz originária.

3. *Yetzirah*, o mundo das formações, compõe o plano da multiplicidade organizada. Deus não age diretamente nele, e sim por intermédio de legiões angélicas. *Netzach*, *hod* e *yesod* são nervuras de uma vontade que já não pulsa de forma imediata, mas que se condensa em forma e função.

4. *Assiyah*, o mundo da ação, é o mais denso dos planos, correspondendo à realidade concreta. Sua única *sephirah* é *malkuth*. Não se trata, contudo, de uma queda, mas de um espessamento. *Malkuth* corresponde à emanação última em que o divino se curva à matéria não para habitá-la, mas para sustentar sua ausência.

A essa organização tradicionalmente vertical da árvore se sobrepõe uma estrutura tripilar: à esquerda, ergue-se o *pilar da severidade*, princípio feminino da forma e da contenção; à direita, o *pilar da misericórdia*, princípio masculino de expansão e dispersão; ao centro, o *pilar do equilíbrio*, onde os opostos não se anulam, e sim se tensionam em uma convivência dinâmica. É curioso – e não deixa de soar escandaloso à razão ocidental – que o feminino, na *kabbalah*, se associe ao gesto de repressão, ao movimento uterino que contém e delimita, enquanto ao masculino se atribui uma força expansiva, irradiante e por vezes caótica. Talvez seja dessa inversão simbólica que emane a figura, já proverbial, da mãe judia superprotetora e imperiosa, em contraste com o pai frágil e ausente, caricatura levada ao paroxismo por Philip Roth em seu divertidíssimo livro *O complexo de Portnoy*, cheio de verve neurótica e brilhantemente descontrolada. No entanto, é preciso notar que na *kabbalah* esse jogo entre feminino e masculino não se traduz em um dualismo fixo, mas em um campo de forças tensionais em que os polos não se definem por essência, mas por relação.

Tiphareth, a *sephirah* central, age como eixo vertical da árvore, separando-a em dois hemisférios. Abaixo, localiza-se o microcosmo, mundo da manifestação sensível; acima, o macrocosmo, esfera arquetípica onde cintila *kether*, centelha intransitiva, origem sem começo. Mas há também uma outra partição, mais sutil e paradoxal, operada por *daath* (דעת), o "conhecimento". Trata-se de uma "não-*sephirah*", um ponto espectral que não compõe o mapa visível, mas o dobra a partir de sua própria ausência. Abaixo de *daath* estende-se o *microprosopos*, domínio das formas, da fala e das relações; acima, o *macroprosopos*, região imanifesta em que o Nome ainda não se pronunciou. *Daath* não constitui um centro, e sim uma fissura, e é precisamente essa lacuna que permite o fluxo. O que está ausente aqui não falta, mas (des)funda. Nada nessa estrutura é estático: cada divisão surge menos como delimitação do que enquanto operação performativa e inassimilável, verdadeiro gesto em movimento. A árvore das *sephiroth* não se assemelha a uma escada para o céu, mas a uma máquina especulativa, a um dispositivo de orientação no labirinto do sensível. Ela não oferece uma metafísica, somente uma cartografia vibrátil do exílio.

Exílio: respiração

A doutrina da *schevirah* (שְׁבִירָה) – a quebra dos vasos – constitui o segundo grande gesto da cosmogonia luriânica, posterior ao *tzimtzum* e talvez ainda mais radical. Após a retração divina, quando a luz de *Ayin Sof* irrompe no vazio recém-aberto chamado de *halal* (חָלָל), ocorre a emergência dos arquétipos do Ser: formas latentes de tudo o que virá a existir, inclusive o humano, cuja figura originária é o enigmático *Adam Kadmon* (אָדָם קַדְמוֹן). A partir desse homem primordial emanam correntes de luz que fluem de seus olhos, boca e narinas, traçando as primeiras *sephiroth* em disposições ocultas, mundos sobrepostos, estágios do Ser em sua gênese mais recôndita. Tais arranjos, por sua própria natureza, permanecem inacessíveis e não cedem nem à mais rigorosa meditação ou ao pensamento conceitual. Escapam, sempre, à captura, como se o real, nesse ponto inaugural, somente se deixasse entrever por fraturas.

Contudo, essa luz não pode se expandir livremente. Ela exige contenção, demanda formas que a recebam, que a sustentem sem se desfazer. Torna-se necessário, portanto, o uso de vasos (*kelim*, כֵּלִים) adequados. As três primeiras *sephiroth*, situadas nos níveis superiores da emanação, suportam a intensidade da luz divina. As demais, porém, falham. Incapazes de conter a plenitude da luz que sobre elas incide, se rompem. E com o estilhaçamento dos *kelim*, fragmentam-se também as centelhas de luz aprisionadas em seu interior. Essa queda – que atinge com especial violência a última *sephirah*, *malkhut* – não constitui apenas um colapso cósmico, mas uma fratura ontológica. A realidade passa a existir como ruína. Os restos dos vasos partidos, chamados *kelipoth* (קְלִיפּוֹת) – literalmente: cascas, crostas, resíduos – tornam-se receptáculos imperfeitos da luz caída. O mal então adquire forma e estrutura. Ao contrário da tradição grega clássica, para a qual o mal se traduz em privação, o hebraísmo o compreende enquanto excesso desalojado, ou seja, luz sem morada, energia sem contenção, força sem forma. A *kelipah* é a sombra da forma que falhou. Assim, o mundo surge enquanto um sistema de deslocamentos, um universo em exílio: "Nada permanece em seu devido lugar. Tudo está em algum outro lugar. Mas um ser que não está em seu lugar apropriado se encontra no exílio. [...] Tudo está de alguma forma quebrado, tudo tem algum defeito, tudo está inacabado" (Scholem, 1988, pp. 135-136).

Schevirah funda a condição existencial do exílio. Mas não como simples metáfora política ou narrativa histórica, ainda que, evidentemente, também possa ser assim interpretada. Trata-se de uma (des)ontologia do deslocamento porque tudo que existe está no lugar errado, tornando impossível superar a falha de origem traduzida em disritmia. A criação não é um ato ordenado de Deus, mas uma catástrofe inaugural constantemente repetida, sendo a existência uma forma de sobrevida estilhaçada. Segundo a leitura tradicional - que em breve teremos a oportunidade de criticar e profanar -, esse colapso torna a criação incompleta, marcando-a com uma deficiência interior que precisa ser redimida. A luz, ao romper os vasos, ou recolhe-se à sua fonte ou desce ao mundo inferior, misturando-se aos destroços. A criação se faz, portanto, entre refluxo e extravasamento.

Na narrativa de Luria, as partes mais duras, densas e menos assimiláveis da luz do julgamento - duzentas e oitenta e oito centelhas - caem e se misturam aos fragmentos dos vasos, assumindo formas demoníacas e distorcidas. Não é Deus que se quebra, mas tudo aquilo que não é Deus, ou seja, o que é incapaz de conter a Sua luz e que por isso continuamente se desfaz. Todavia, mesmo assim a luz não se extingue, sobrevivendo aprisionada nos cacos. O mal, nesse modelo, consiste em luz encarcerada. A tarefa cósmica que se impõe a partir daí se traduz em *tikun*, quer dizer, a restauração, a recomposição das luzes e sua recondução aos seus devidos lugares, processo que não é automático nem estritamente divino, pois exige a intervenção humana. Desse modo, *tikun* introduz uma virada antropológica decisiva – eis que a reparação do mundo não é responsabilidade divina, mas humana, cabendo a nós liberar as centelhas e, com isso, dar forma ao próprio Deus: "O processo pelo qual Deus concebe, produz e Se desenvolve a Si mesmo não chega a conclusão final em Deus. [...] É o homem quem acrescenta o toque final ao semblante divino" (Scholem, 1988, p. 306).

Essa concepção antropocêntrica da *kabbalah* transforma radicalmente a noção de espiritualidade tal como se desenvolveu no mundo cristão, pois não basta salvar a alma individual, sendo necessário reordenar os estilhaços da criação. A história, nesse modelo, não se confunde com uma simples cronologia de eventos, tratando-se antes de um campo de operação simbólica e reparadora. Tudo o que os seres humanos fazem ou deixam de fazer repercute no tecido fraturado do cosmos. A missão do cabalista é, nessa perspectiva, divina, cabendo-lhe recompor o Nome, redizer o Verbo, reorganizar o real a partir de sua falência inaugural.

Nada obstante, tal leitura – consolidada por Scholem e seus seguidores – encontra limites. Ao enfatizar a dimensão humana e ética da reparação, ela parece esquecer o que há de radicalmente trans- e não humano na *Torah*. Como discutiremos adiante, o texto sagrado aponta menos para o homem e mais para o *evento*, ou seja, para aquilo que acontece sem sujeito, que está além da história e fora da representação. A *Torah* não se interessa especialmente pelo humano, não se tratando de uma narrativa, e sim de uma *an-arquia* topológica, um não-lugar sem origem em que a criação não se funda na presença, mas na suspensão da acessibilidade. *Tzimtzum* não inaugura o mundo, mas interrompe a possibilidade do mundo enquanto sistema, modulando o plano em que o Nome pode (ou não) atravessar o tempo. Nesse campo de imanência não há início, apenas vibração de uma ausência ativa que impede toda captura do divino. Da mesma forma, *tikun olam* já não significa "melhorar o mundo", tampouco "consertar" uma criação supostamente danificada. No hebraísmo *an-árquico*, *tikun* aponta para a reconfiguração local de um descompasso, um ajuste de ritmos, uma forma de permitir que algo volte a circular e a se filtrar. Trata-se de impedir que a intensidade se estanque. Portanto, *tikun* não anseia por totalidade ou plenitude, operando no intervalo e reconectando o fluxo sem destruí-lo.

Em sua fase tardia, depois de se dar conta da insuficiência de suas aproximações humanísticas centradas no *Dasein*, Heidegger anteviu a abertura de um evento não-humano que chamou de *Ereignis*, vendo nele a irrupção impensável, o vir-a-ser do próprio vir-a-ser, algo que não se pode nem controlar nem deter, indicando tratar-se de um novo início. Ora, tal evento pode ser visto como "novo" somente se não se conhece a *Torah* e sua *an-arquia* topológica profundamente não humana, tal como debatemos a seguir. De fato, ainda que o último Heidegger pretenda escapar da ontologia do Ser, ele escorrega para uma lógica que contraria precisamente o que a *Torah* opera, texto em que não há *Ereignis* fundante, apenas atos de filtragens da acessibilidade que jamais se estabilizam sob a forma da presença. Enquanto Heidegger busca um novo começo da ontologia por meio de um ser que se dá, o hebraísmo intensivo de Goldberg-Deleuze desmantela a própria ideia de começo. Já não se trata então de um vir-a-ser do Ser, mas de uma dobra da inacessibilidade, visto que a *Torah* não diz o que é, mas por onde algo pode ou não passar, sempre sob o regime da diferença não identitária. Assim, o que emerge não é uma abertura ontológica, e sim uma modulação topológica de intensidade que pulsa sem sujeito, fundamento ou revelação plena.

corpus
animal
mortale
plato
homo

vnimus totius Cabalæ summam continens, inserendus est tom II classi IV quæ est de cabala Hebræorum, et explicatur à fol 289 usq; ad

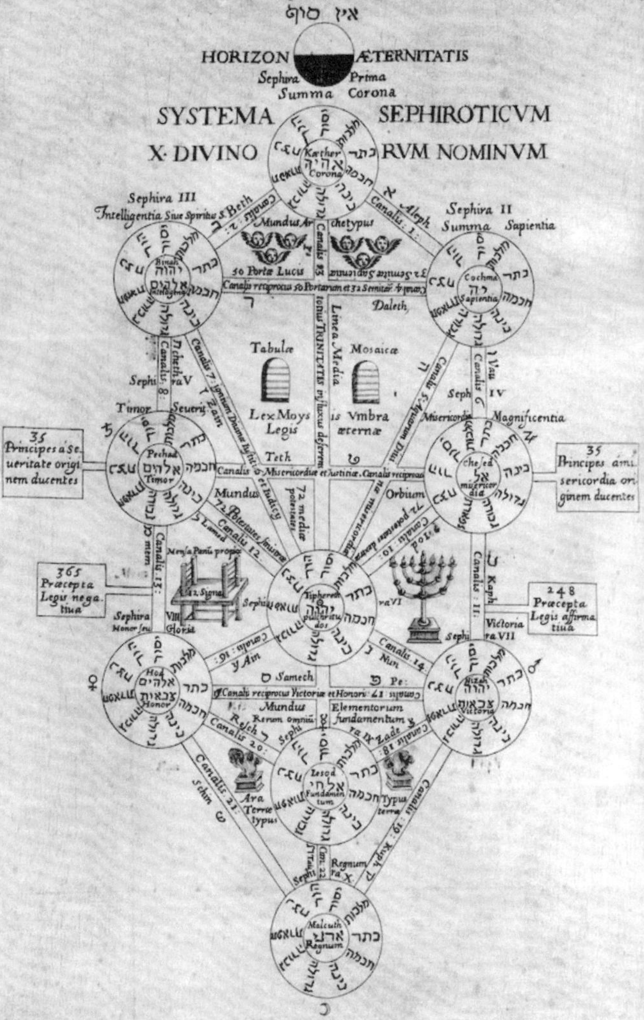

תּוֹרָה בְּלִי רֵאשִׁית

A *AN-ARQUIA* DA *TORAH*

Pensar a *Torah* a partir de uma releitura radical de Oskar Goldberg (1925) filtrada pela sensibilidade filosófica de Gilles Deleuze (1968, 1969 e 1993) exige, antes de tudo, desativar o lugar da origem, compreendendo que a *Torah* não funda, não representa, não se oferece como base para uma moral ou uma identidade. Ela opera. Vibra. Suspende. Em sua textura mais profunda, ela não fala do ser humano nem lhe pertence. A vida que ali se expressa não é vida biológica, mas presença vibrátil, uma força que só subsiste ao se ritmar em filtragens. *Ritornello* membrânico – literalmente, retorno menor, ou melhor, retorno do menor, do diferente –, jamais substância, a *Torah* não conhece sujeitos, apenas *nefesh*, sopros oscilantes entre latência e pureza, sangue e vocábulo. Nela não há corpos no sentido anatômico, somente *basar* (בָּשָׂר), ou seja, carne modulada por acessibilidade interrompida, superfície litúrgica que não se organiza enquanto unidade, mas como dobra. Tem-se então uma topologia do impossível na qual o que importa não é a forma, e sim o ritmo, eis que "impossível" não significa "inacessível", apenas infinitamente bifurcável.

Oskar Goldberg ousou formular uma hipótese extrema: o povo hebreu não é uma etnia, mas uma infraestrutura rítmica. A *Torah*, sob essa luz, não funda um povo, e sim uma membrana de ressonância. *Berit* (בְּרִית) – o pacto – não se assemelha a um contrato jurídico, sendo antes uma modulação imunológica que não determina o que deve ser cumprido, mas aquilo que pode passar, operando uma espécie de seleção vibratória e não normativa. Goldberg antecipa uma ontologia do ritmo puro, uma biologia sem corpo em que o poder se acessa não por representação, somente por frequência. É nesse deslocamento que o hebraísmo se revela em sua vertente mais herética e libertária, apresentando o povo judeu não como corpo histórico, mas enquanto tensa rede de filtragens espirituais onde o próprio idioma funciona à semelhança de um órgão operatório e a lei configura vetores de filtragem, (des)conformando continuamente um plano de imanência (Deleuze, 1985 e 2003) que não é essência, só limiar em que não há fundamento, e sim intensidades que se dobram sobre si mesmas.

A *Torah*, então, não é escritura revelada, constituindo antes uma tecnologia sagrada de ritmo e atraso, um dispositivo que impede o colapso por excesso de presença, desacelerando o contato com o divino para que a vida não se incinere em sua luz. Por isso a *Torah* não promete; suspende. Não revela; curva. Não fala; modula. Sua arquitetura se abre em uma ausência articulada que (des)vela camadas de desvio e interrupção, razão pela qual falar em *an-arquia* da *Torah* não é mero jogo de palavras, tratando-se antes do reconhecimento de que nela não há *arkhé* nem sujeito fundador ou lei positiva. Há apenas a operação sutil de uma infraestrutura não humana de acesso que faz viver um hebraísmo sem povo, sem templo e sem essência que sobrevive na vibração e na despossessão. Em tempos de captura ideológica e devastação teológica, talvez seja a hora de convocar esse hebraísmo sem centro, essa *Torah* sem autoridade, essa *an-arquia* vibracional como forma de resistência. Para tanto, é preciso entender de que modo funcionam os elementos que articulam a *Torah*, ou seja, suas frases, palavras e letras.

Conforme dissemos anteriormente, a língua hebraica não representa. Diferentemente das línguas europeias, ela não organiza o mundo por meio de um alfabeto fonético nem por sistemas semânticos lineares. De fato, no hebraico não há alfabeto no sentido ocidental, mas pontos de acesso. As letras são tensores, dispositivos de dobra. *Shoresh* (שורש) - raiz triliteral - não se liga às noções de origem ou etimologia, indicando antes um campo rítmico de intensidades possíveis que sustenta uma gramática energética e não normativa. A ordem que ela produz não é sintática, mas ressonancial. Trata-se de um idioma de interrupções, não de conceitos. Falar, nesse regime linguístico, significa ativar latência, algo muito diferente da ideia ocidental de "comunicar conteúdos".

Na perspectiva de Goldberg-Deleuze, o hebraico não é fonético nem simbólico, mas uma máquina de tensões estruturais em que cada *shoresh* funciona à semelhança de um operador topológico que produz famílias de variações, zonas de intensidade e dobras de sentido que jamais se estabilizam. Tomemos, por exemplo, o radical ק–ר–ב, que gera קרב (entrar em contato, aproximar-se), קרבן (oferenda ou dobra de acessibilidade) e קרביים (entranhas, interioridade vibrátil). Ao contrário do que ocorre na etimologia ocidental, não há aqui um núcleo conceitual comum, e sim uma constelação de desdobramentos, como se *shoresh* operasse por proximidade vibratória e não por generalização lógica. O sentido não está nas palavras, e sim na tensão entre as três consonantes. Dessa maneira, o hebraico não produz significados, mas campos de operação. Diferentemente da etimologia como a conhecemos, *shoresh* não reconstrói o passado de um termo, pois abre possibilidades de uso que se mantêm em campo mesmo quando não são atualizadas. A raiz hebraica consiste assim em um tensor que não fixa nem estabiliza, apenas gera. Daí porque o hebraico não articula sinônimos, mas constelações de tensão, famílias de variação.

A linguagem hebraica surge assim sob a forma de arquitetura pré-gramatical sem temporalidade linear nem semântica fixa. Nela não há propriamente narrativas, mas modulações; não há progresso discursivo, e sim ativação de zonas filtrantes. O pensamento ocidental – causal, teleológico, dedutivo-indutivo – busca linhas, encadeamentos e trajetórias. O hebraico, por sua vez, dobra e desdobra campos, já que ele não narra, só filtra; não explica, tensiona. Com isso, percebe-se que o hebraico não pressupõe um sujeito que fala, oferecendo em seu lugar curvaturas linguísticas que falam através do sujeito entendido como mero epifenômeno. Nesse contexto, a leitura cabalística das letras da *Torah* não se confunde com uma mística no sentido esotérico do termo. Trata-se antes de uma imunologia operacional, já que as letras não dizem o mundo; elas regulam o acesso a ele criando defasagens, modulando distâncias e instaurando zonas nas quais o sentido se atrasa e se curva. O hebraico não serve para representar o real. Serve para tocá-lo sem jamais atravessá-lo por completo.

Uma cartografia do hebraísmo similar à proposta por Goldberg-Deleuze não se traduz em um mapa territorial, mas em uma topologia de intensidades em que cada operador atua como nó vibrátil de um campo semântico sem eixo nem centro. Nesse modelo não há conceitos, apenas operadores que não significam, mas afetam. O mapa traçado pelo hebraísmo *an-árquico* não pode ser percorrido ou apropriado, somente habitado. Nele não há propósito, só zonas de dobra e defasagem, de modo que cada operador desenha uma possibilidade de acesso interrompido. Eis o motivo pelo qual o hebraísmo não enuncia a lei, mas a cumpre e finaliza, tornando-a inoperosa (Agamben, 2000). Se a palavra hebraica não remete a um significado, antes abrindo passagem, cortando e suspendendo, nesse idioma o verbo é mais antigo do que o substantivo e o ritmo mais real do que o símbolo. Onde o pensamento clássico exige estabilidade, o hebraísmo *an-árquico* oferece tensão. Onde há representação, ele propõe latência. Pensar com ele já não significa ordenar, e sim fazer curvas sem sincronia.

A partir dessa perspectiva, podemos agora apresentar os cinco principais operadores *an-árquicos* de acesso não sincrônico à *Torah*:

> פֶּרֶץ (*peretz*): ponto de fratura em que a estrutura cede não como destruição, mas enquanto abertura não autorizada.
>
> צֵל (*tzel*): presença indecifrável; sombra que não se pode representar; operador de opacidade intensiva; curva que subtrai informação sem suprimi-la.
>
> זר (*zar*): aquilo que não pode ser absorvido ritualmente e forma um vetor de inassimilabilidade topológica que escapa à inscrição.
>
> נֶפֶשׁ (*nefesh*): não é "alma", e sim um módulo respiratório entre o disponível e o suspenso,

fazendo da vida ritmo, nunca substância.

כָּבוֹד (*kavod*): densidade que não emite luz, mas a curva; massa impossível de ser transmitida sem a dobra do acesso; gravidade sem signo nem imagem.

Peretz (פֶּרֶץ) não é uma fratura destrutiva, e sim uma passagem, o momento em que a intensidade infinita já não pode mais se manter em latência e atravessa, deforma, rasga a membrana de acessibilidade, criando filtragem, ritmo e possibilidade. Não se trata de um corte que afeta algo preexistente, mas de uma inauguração, dado que *peretz* não interrompe um fluxo; ele o funda. Com ele o verbo da criação já não é "fazer" ou "dizer", mas "abrir brecha", gerar um acesso que não deveria ter ocorrido, passar onde nada indicava passagem. É nesse sentido que se deve ler o espanto propriamente filosófico contido na pergunta presente no livro de *Gênesis* (38:29): מַה־פָּרַצְתָּ עָלֶיךָ פָּרֶץ ("*Mah paratzta aleikha peretz?*" "Por que abriste uma brecha?"). Esse versículo marca a aparição súbita, imprevista e incontrolável de *peretz*, o que irrompe sem ser esperado, o que força entrada sem autorização. Trata-se de um ato informe que filtra sem código. Portanto, *peretz* não deve ser compreendido como ruptura, e sim enquanto primeiro gesto topológico de disponibilidade, dobra inaugural em que o acesso começa a pulsar, ainda que não haja nada a ser acessado. A brecha, nesse sentido, não divide: ela compõe o irrealizável. É nesse gesto inaugural – que não busca sentido, mas intensidade – que o hebraísmo desenha a sua própria cena *an-árquica* da criação.

Tzel (צֵל) não se confunde com uma simples sombra, tratando-se de um operador de curvatura intensiva, uma dobra de não manifestação que sustenta paradoxalmente a possibilidade de toda visibilidade. No hebraico bíblico, a sombra não é negação da luz, mas condição para que a luz não destrua. *Tzel* deriva do radical צ־ל, que não remete à escuridão, e sim à sua curvatura. De fato, a luz precisa da sombra não para existir, mas para não aniquilar o que não é luz. Nesse sentido, *tzel* não obstrui, e sim entorta, torce, modula, tornando a luz suportável para a criação. "A sombra é a dobra em que a forma não aparece, mas se diferencia", afirma o *midrash* apócrifo das oscilações.

Todavia, há mais. *Tzel* compartilha sua raiz com *tzelem* (צֶלֶם), termo que aparece em *Gênesis* (1:26), "à imagem de Deus" (*betzelem Elohim*, בְּצֶלֶם אֱלֹהִים). Não se trata de uma imagem visual, mas de um vetor espiritual, um campo matricial de intensidades que só pode atravessar a matéria por meio do eco. Desse modo, *tzel* antecede *tzelem* enquanto condição de sua possibilidade, sendo a zona não representacional onde o divino se curva sem se afirmar, vinculando-se a outro operador fundamental, *kavod* (כָּבוֹד), que abordaremos em detalhes no final deste capítulo. Por ora, basta saber que, segundo sua raiz כ־ב־ד (*kaved*), *kavod* significa literalmente "peso" e não "glória" de Deus, indicando a pressão insuportável de Sua presença. O ponto decisivo é que, por não poder ser acessado diretamente, *kavod* projeta *tzel*. A sombra age como dobra que permite a *kavod* não aniquilar, funcionando enquanto membrana de opacidade, filtro intensivo entre o absoluto e o finito, curva silenciosa que impede o colapso.

Na cabala luriânica, após o *tzimtzum* o que resta não é um vazio, mas um resíduo vibrátil, um eco chamado *reshimu* (רְשִׁימוּ) e, com ele, *tzel*, sombra que não provém da carência, mas do excesso. *Tzel* não é o fim da luz, e sim sua derivada assintótica, a porção curvada que persiste no limiar entre o não manifesto e o quase perceptível. Como se lê no *Livro da iluminação* (*Sefer ha-Bahir*): "a luz contida na escuridão alcança um lugar que não tem nome". O verbo hebraico צ-ל-ל (*tsalal*) adiciona uma camada ainda mais densa, eis que significa tremer, vibrar, submergir. Assim, *tzel* não é algo estático, mas vibração do que não se mostra. Não é o negativo da forma, e sim sua pré-condição pulsante que surge enquanto espaço intersticial entre a pura potência e a forma codificada. Curva intensiva que subtrai sem negar, *tzel* oculta sem cancelar, filtra sem representar, torcendo a presença ao se identificar à diferença mesma antes que ela se estabilizasse como forma. Sua interferência permite a existência sem esgotá-la, pois onde há *kavod*, há *tzel*, já que somente *tzel* pode sustentar o peso da glória sem colapsar. *Tzel* não é sombra do que falta, mas do que excede.

Por seu turno, ***zar*** (זר) indica o topologicamente inassimilável. Não se trata de um simples "outro" que, segundo a cartilha liberal, deve ser tolerado, mas de uma interrupção que o sistema não pode absorver. *Zar* não se opõe ao puro, e sim o excede; não é o contaminante, mas o descompassado, revelando os limites do sistema rítmico, ou seja, os pontos em que a filtragem já não basta. Com efeito, *zar*, o não absorvível, é aquilo que não pode ser integrado ao circuito sacerdotal. Nada obstante, *zar* não é um inimigo, apenas outra topologia cujo ritmo não pode ser canalizado sem levar o sistema ao colapso. Ele não contamina: desajusta. Não ameaça: vibra fora de frequência.

No hebraísmo *an-árquico*, *zar* não se opõe à norma, mas a ultrapassa sem tocá-la, aproximando-se de uma figura ontológica do excesso não traduzível, tal como a sexualidade não binária, o corpo que escapa ao gênero legível, a afetividade que falha na sincronia, o *potlatch* que recusa o comércio etc. Todos esses são modos de *zar*, expressões de uma anarqueontologia *queer* do não absorvível. O sistema ritual hebraico não elimina *zar*, preferindo separá-lo e permitir-lhe existir fora da frequência dominante. Já o sionismo, ao contrário, precisa absorver ou destruir *zar*, vetor *queer* em que o sujeito não se encaixa em identidade alguma, a exemplo do corpo ilegível pela medicina ou pela lei. *Zar* não quer ser tolerado nem explicado; quer continuar filtrando-se.

Nefesh (נֶפֶשׁ) não é "alma" no sentido grego de *psikhé* (ψυχή), mas pressão vital, oscilação intensiva que organiza o contato entre corpo e presença. *Nefesh* não pensa, não escolhe: curva-se, interrompe-se, oferece-se, manifestando-se como forma de energia filtrada que abre um nível tensional capaz de atravessar *tumah*, operando assim na fronteira entre o visível e o transmissível. Por isso, quando a *Torah* afirma que "a alma está no sangue" (*nefesh ba-dam*, הַנֶּפֶשׁ בַּדָּם), não se trata de racismo, mas de topologia, eis que o ritmo vital circula como intensidade e toda oferenda constitui uma reconfiguração dessa circulação, na qual inclusive comparecem vetores inoperosos como *shabbath*, *yovel* e *tikvah*.

Shabbath (שַׁבָּת) não se resume a "dia sagrado", apontando antes para um corte estrutural na temporalidade intensiva. Operador litúrgico de interrupção radical que dessintoniza os vetores produtivos, *shabbath* indica a suspensão de toda continuidade causal. Durante sua circulação não se cozinha, não se transporta, não se corta, não se repara. E não porque isso seja moralmente errado, mas porque toda ação mantém a máquina em funcionamento, e de tempos em tempos é preciso romper a cadeia produtiva. Na dimensão política, *shabbath*, o não evento por excelência, consiste na única estrutura capaz de frear o fascismo da aceleração. Quando se dá *shabbath*, não se ilumina nem se filtra mais, apenas se deixa a tensão fluir sem atualizá-la. *Shabbath* é o descanso da intensidade, não do corpo. É, talvez, o gesto mais profundamente antifascista que ainda se pode sustentar sem gritar.

Yovel (יוֹבֵל), o ano jubilar, não significa mera anistia econômica, tratando-se de um *reset* litúrgico da propriedade enquanto operador de intensificação. A cada cinquenta anos, as terras retornam à origem não proprietária, os escravos são libertos, e as dívidas, apagadas. Tudo isso, contudo, não é redistribuição, mas reconfiguração. *Yovel* despressuriza o sistema antes do colapso. Sob sua arquitetura, o direito não se impõe, mas se curva.

Tikvah (תִּקְוָה) geralmente se traduz como "esperança". No entanto, sua raiz (קוֹה - ק־ו־ה) indica tensão, curvatura, ligação. *Tikvah* não é expectativa de resultado, mas alinhamento com uma tensão ainda não desdobrada. Não há promessa, só vibração, resistência intensiva sem vetor definido. Espera sem esperar. Sustentação sem saber. Ressoar sem direção. Trata-se, como diz Paulo – tantas vezes citado por Agamben (2000 e 2014) –, de viver *como se não* vivesse. Diferentemente das promessas que orientam teleologias produtoras de fascismos do resultado baseados nas ideias de progresso e populismo, *tikvah* aponta para uma política do não fazer, pois ele não projeta, só deseja. Não conduz ao futuro; o suspende. Desse modo, toda política fundamentada em *tikvah* é negativa, já que não busca cumprimento, mas a preservação da potência-do-não que, segundo Agamben (1993), encarna a mais alta forma da contingência. *Tikvah* é, portanto, resistência sem forma, espera sem imagem. Corda, não caminho, entre cujas encarnações políticas podemos citar a greve geral revolucionária que não faz demandas, o luto que não solicita reparação e o exílio que não deseja retorno.

A raiz de *tikvah* não articula metas, e sim tensões estendidas em uma corda suspensa e vibrante, uma linha sem direção nem chegada que não visa ao fim, antes sustentando o desequilíbrio sem organizar narrativas e pacificar contrastes. Trata-se então de conservar as diferenças não resolvidas sem se preocupar com o "depois", dado que *tikvah* mantém ativa uma curvatura de acesso que ainda não se atualizou. Eis por que tal operador não pode ser confundido com a esperança no sentido progressista, dado que ele não serve para imaginar o porvir ou ordenar o tempo em etapas de salvação. Ao contrário, *tikvah* desenha um descompasso, uma assimetria que se recusa a se fechar, jamais se cumprindo, sempre perseverando enquanto presença em suspensão. Nesse gesto, o sujeito não "espera", e sim se suspende, de maneira que não há avanço rumo a algo, só vibração do que ainda não é. *Tikvah* não promete outro mundo; apenas impede que a tensão do mundo atual se dissolva na terra plana do fascismo. Diante do sionismo, que trabalha com base na urgência, na transparência e na visibilidade forçada, *tikvah* resiste enquanto força sem rosto. Ele não diz o "ainda não" do amanhã, mas o "ainda assim" da perene incompletude do presente, insistindo, portanto, no intervalo.

Finalmente, ***kavod*** (כָּבוֹד), termo em geral traduzido como "luz" - ou, segundo Giorgio Agamben em *O reino e a glória*, "glória" –, carrega em sua raiz semântica um significado muito mais denso e material que não evoca brilho nem majestade. Literalmente, *kavod* significa "peso", "massa", "densidade". A glória divina, nesse registro, não é irradiação, mas gravidade. Não se trata de um esplendor visível, e sim de uma presença insuportável, uma pressão ontológica que, sem mediação, se tornaria letal. De fato, experimentar *kavod* exige um sistema de interposição que na Bíblia surge sob a forma de nuvem, véu, tabernáculo, sacerdócio etc. Em passagens como *Êxodo* 24:16-17 e 1 *Reis* 8:11, o que aparece não é uma luz a ser contemplada, mas um peso a ser suportado. Trata-se de um excesso existencial cuja magnitude exige modulação. A espiritualização do termo no contexto helenístico – e, posteriormente, cristão – deslocou seu eixo material para um campo simbólico régio e representativo, obscurecendo o que estava em jogo: não a visibilidade do divino, e sim a sua densidade intraduzível, o peso da presença. Em seu sentido mais radical, *kavod* nomeia não uma aparência, mas um colapso. O divino, na linguagem da *Torah*, não se revela; se encurva. Ele não se mostra; distorce. Ao antecipar a curvatura espaço-temporal da teoria da relatividade de Einstein, *kavod* surge enquanto gravidade teológica, dobra da presença em si mesma na qual não há irradiação, apenas massa. Nele não se dá representação, somente deformação. Por isso *kavod* nunca é diretamente acessível, podendo apenas ser tangenciado por suas bordas através de ritmos, filtros e infraestruturas litúrgicas.

Surge então, com toda sua potência topográfica e política, *anan* (עָנָן), a nuvem no deserto. Ela não encobre a presença divina, e sim a torna possível em sua opacidade que não vela, mas sustenta. *Anan* é o meio pelo qual *kavod* não extermina tudo ao seu redor, tratando-se de uma tecnologia da desaceleração ontológica. Membrana, não muro. Intervalo, não ausência. Quando *kavod* desce, a nuvem emerge para evitar o desastre, funcionando enquanto estrutura que impede a autodestruição do mundo pela própria intensidade que o constitui. E é precisamente por isso que, em tempos de visibilidade compulsória e verdades autoevidentes – operadores centrais do sionismo, conforme veremos adiante –, *anan* torna-se insuportável. Com efeito, o fascismo hodierno pretende que tudo seja claro, imediato, evidente. Ele não tolera nuvens, de maneira que eliminar *anan* põe-se como pré-condição do extermínio. O fascismo e o sionismo não podem admitir a opacidade que sustenta a vida, a sombra que impede a destruição, a suspensão que recusa a totalidade.

É nesse ponto que se compreende a função de *korban* (קָרְבָּן), usualmente traduzido como "sacrifício". Porém, *korban* não destrói, e sim regula. Ele não elimina o excesso, preferindo curvá-lo, não devendo ser pensado enquanto simples oferenda ou perda, sendo antes uma dobra de acessibilidade intensiva. No hebraísmo *an-árquico* o altar não é o lugar da morte, mas da interface entre o corpo e o insuportável em que a carne, o sangue e o fogo não celebram o fim, mas sincronizam excessos. Ora, assim como *anan*, *korban* permite a *kavod* não arrasar, retardando sua intensidade, infletindo seu impacto e modulando sua força. Ao invés de ser entendido enquanto ritual de renúncia, *korban* pode ser visto como engenharia litúrgica, dobra membrânica de proximidade possível. Em resumo: *korban* não é sacrifício, mas arquitetura de filtragem que possibilita a convivência com a terrível densidade de *kavod*.

Nessa perspectiva, parece-nos importante esclarecer que, no hebraísmo, a morte não é fim nem castigo. O termo *mavet* (מָוֶת), longe de designar uma cessação absoluta, nomeia um corte do ritmo, uma interrupção na cadeia de transmissão vital. Por isso o contato com um cadáver não gera "pecado", mas *tumah* (טֻמְאָה), ou seja, suspensão provisória, desvio litúrgico que interrompe o fluxo. No pensamento hebraico, o problema da morte não se liga ao afeto preponderante da política ocidental – o medo –, mas à ideia topológica de bloqueio. Assim, a morte precisa ser desativada e ritualmente deslocada para que o acesso ao mundo permaneça possível. Dessa maneira, *sheol* (שְׁאוֹל) – tradicionalmente traduzido como "inferno" – não tem relação com punição ou sofrimento eterno. Não se trata de um lugar de dor, mas de suspensão, pois *sheol* constitui uma topologia do não acontecer, um espaço onde o acesso perde seu vetor e a intensidade se apaga, tornando o dizer impossível. Não se sofre no *sheol*, tampouco se vive, já que ele é o fora da curvatura, um lugar onde não há dobra, filtragem ou vibração, surgindo como declínio absoluto da forma. Para o hebraísmo *an-árquico*, *sheol* não representa uma punição final, e sim um limite topológico de acessibilidade. Sendo aquilo que já não pode ser modulado nem ritmado, ele compõe uma zona onde a linguagem falha e a presença não incide. Espaço sem pressão, sem retorno e sem resistência, o "inferno" hebraico não tem conotações penais, sendo apenas sombra daquilo que não pode mais ser tocado.

De maneira similar, a santidade não se confunde com pureza ou elevação. O termo hebraico *kadosh* (קָדוֹשׁ) – traduzido como "sagrado", "santo," "separado" – designa o que é apartado, mas não por um julgamento moral, e sim por uma lógica energética, uma estrutura operativa de distância. Aqui a separação não exclui, somente regula o acesso para evitar o colapso. *Kadosh* indica aquilo que não pode ser integrado sem deformar tudo ao seu redor. Não é "melhor" nem "superior", é o que só pode ser tocado por mediação, filtragem, deslocamento, descompasso. O "tabu", nesse horizonte, não se identifica com proibições culturais arbitrárias ou com invenções do medo coletivo, tratando-se da forma infrateológica de *kadosh*, ou seja, uma membrana semipermeável entre zonas de intensidade incompatíveis, não servindo para separar o bem e o mal, mas para distinguir o que pode ser tocado daquilo que apenas pode ser rodeado, contornado, velado.

Em conclusão, pode-se vislumbrar que, como toda ontologia *an-árquica* – ou melhor, como todo pensamento que rejeita fundamento e centro –, o hebraísmo aqui delineado não constitui propriamente uma ontologia enquanto teoria do Ser, e sim uma ética. Todavia, trata-se de uma ética que não se confunde com normatividade, revelando-se antes como uma forma de habitar uma topologia do dissenso, quer dizer, uma prática de orientação no espaço disforme da existência que não diz respeito às noções de bem e mal, ao menos não na chave dualista da tradição ocidental. Na *Torah*, bem (*tov*, טוֹב) e mal (*ra*, רַע) não se opõem como valores éticos, não se equilibram em uma balança normativa. Eles se fraturam, dobrando o campo de forças em zonas de torção, interrompendo ou acelerando o fluxo da intensidade, de maneira que o "bem" não se identifica com o cumprimento da regra, antes vibrando enquanto ritmo. Já o mal não emerge da transgressão, revelando-se, ao contrário, como saturação.

Nessa chave, o verbo *yada* (יָדַע), usualmente traduzido como "conhecer", desarma qualquer fantasia de neutralidade cognitiva. Ora, *yada* também significa copular. Na Bíblia, por exemplo, se diz que Abraão conheceu Sara. Todo conhecer é, então, contato, penetração, abertura de corpos e estruturas, não se limitando a espelhar, pretendendo antes se tornar contágio e impureza. Quando se conhece, algo se deforma em nós e no mundo, pois nenhum dos dois permanece intacto. Conhecer significa ser atravessado, romper, abrir. Assim, toda abertura do saber é simultaneamente deformação da forma. Na *Torah an-árquica* não há "alma", tampouco um "eu" que funcione enquanto centro soberano. Há somente zonas de deformação e de acessos cruzados, ritmos compartilhados e colapsos da interioridade que não são sedes de vontade, mas difrações e síncopes que se encaminham para a dissolução no encontro com a alteridade irreconciliável.

Não se dá, pois, uma ética no sentido tradicional, e sim desdobramentos e estruturas que se torcem para manter o mundo em operação, dado que ele não é um todo coeso, mostrando-se enquanto eixo de distribuição assimétrica de conflitos. Definitivamente, a *Torah* não opera com categorias morais, mas com estratégias cosmopolíticas de desaceleração que permitem ao real não se desintegrar sob o peso de seu excesso constitutivo. Nessa perspectiva, a *Torah* não moraliza nem exige obediência. Ela não nos oferece mandamentos no sentido normativo, e sim dispositivos filtrantes e distâncias. Ela não impõe limites. Ao invés, desenha zonas de passagem, modulando o acesso para prevenir o colapso da potência.

FIGVRA CABALÆ.

Supernaturalis.

Naturalis.

Quod est {superius / inferius} est sicut / quod est {inferius. / superius.}

אין סוף
O SEM-FIM

Segundo as mais antigas tradições cabalísticas, *Ayin* – o Nada – não é simples ausência ou carência, mas algo que antecede o próprio Deus enquanto presença diferenciada. Não se trata de um vazio ontológico, e sim de um limite sem apoio, um abismo que não funda, mas suspende, e que precisamente por isso torna possível a criação.

Segundo Scholem, alguns dos primeiros cabalistas não estabeleciam distinções rigorosas entre *Ayin Sof* (אין סוף) – o "Sem-Fim", nome da divindade – e a primeira *sephirah*, que seria, paradoxalmente, o Nada do qual o mundo irrompe. Nessa indistinção entre o divino e sua emanação ressoa uma tonalidade panteísta ou ao menos uma recusa à separação clássica entre criador e criatura. Já nos cabalistas posteriores – a exemplo de Moisés Cordovero e Isaac Luria –, sobretudo no século XVI, se traça com mais ênfase um limite entre ambas as dimensões. *Ayin* torna-se aquilo que procede de Deus sem ser Deus – um Nada que se manifesta enquanto intervalo e retração inaugural, instaurando a diferença irredutível entre o Criador e sua criação. Não se trata então de uma simples negação, mas de uma descontinuidade absoluta, de modo que a criação não prolonga o divino, antes dele se afastando vertiginosamente em um gesto de separação abissal.

Um exemplo particularmente revelador dessa tensão encontra-se em Abraham Cohen de Herrera (c. 1570 - c. 1635), pensador judeu sefardita influenciado pela filosofia aristotélica e neoplatônica. Em seu tratado *A porta do céu*, Herrera concebe o Nada que separa Deus e o mundo não apenas enquanto ausência, mas como potência, no sentido aristotélico do termo. *Ayin*, para ele, não é uma negação do Ser, e sim sua latência máxima, indicando o campo do possível onde a criação não é ainda ato, apenas pura virtualidade (Herrera 2010, p. 295). Esse deslocamento do Nada sob a forma da potência – e não da negação dialética à moda hegeliana – nos parece decisivo, pois não apenas preserva a transcendência radical de Deus como também reinscreve *Ayin* enquanto condição dinâmica de toda manifestação. Assim, não há origem, mas campo de possibilidades. Não há fundamento, apenas tensão. Não há presença, só ritmo sem apoio.

A natureza de *Ayin* escapa à linguagem conceitual. Talvez não possa, a rigor, ser explicado, apenas experimentado, atravessado como se atravessa um limiar. Por isso, na tradição cabalística, *Ayin* aparece sob duas fórmulas aparentemente contraditórias: *yesh me-ayin* (o Ser que vem do Nada) e *ayin me-yesh* (o Nada que vem do Ser). Essa oscilação não constitui um erro nem um paradoxo, sendo antes um sintoma que revela aquilo que a *kabbalah*, em sua radicalidade, jamais abandonou: o caráter *an-árquico* de toda origem, o que não começa porque não se funda. *Ayin* não é apenas ausência de base; é o que torna toda base instável, não podendo ser inscrito na lógica da determinação, somente no campo movediço da indeterminação e da contingência. Nele, o Ser emerge sem qualquer garantia, e o Nada permanece enquanto tensão e potencialidade, nunca como simples negação.

A coexistência dessas duas fórmulas – o Ser vindo do Nada e o Nada vindo do Ser – aponta menos para uma contradição lógica do que para um gesto epistemológico que resiste à clausura do sentido, dado que *Ayin* desativa o impulso de totalização. Ele não pode ser o sujeito de uma doutrina, já que é força disruptiva, expressão topológica daquilo que na criação não se fixa, mas insiste. A *kabbalah*, neste ponto, se revela não enquanto sistema ou símbolo, e sim linguagem em ruína, em vibração. *Ayin* é uma de suas figuras mais intensas. Não representa o vazio, inaugurando antes a possibilidade de haver mundo sem que haja início.

Antes de avançar, julgamos necessário enfrentar uma crítica recorrente e, à primeira vista, plausível, que identifica em *Ayin* uma contradição originária: se o Nada é aquilo de que tudo procede, então ele seria, por definição, um princípio, ou seja, estaria ocupando o lugar da *arkhé*, que é precisamente o que toda metafísica tentou fixar enquanto base do Ser. Nesse sentido, o pensamento grego arcaico-mitológico anterior aos pré-socráticos seria mais radical do que a *kabbalah* ao recusar qualquer princípio absoluto, afirmando antes que as coisas sempre foram sem começo, sem Nada. Contudo, essa objeção, embora lógica em sua aparência, falha ao não captar o gesto cabalístico, que não é fundacional, mas desfundante. Raciocinar assim equivale a não compreender a especificidade de *Ayin*, dado que o Nada não é conceito, origem ou ponto de partida. Entendê-lo como *algo* constitui uma contradição performativa, pois equivale a atribuir forma, posição e função àquilo que as nega.

De fato, a palavra "Nada" funciona na *kabbalah* somente como gesto linguístico limiar, sendo uma muleta provisória, um índice negativo, uma indicação de sentido que não quer significar, apontando para uma zona em que categorias como início e fim, Ser e não-Ser, linguagem e silêncio, obra e desobra, ato e potência, deixam de fazer sentido enquanto oposições claras. *Ayin* não é o substrato a partir do qual o Ser pode ser pensado, mas o insubstrato que torna possível sua suspensão, adiamento e expropriação. Ele não funda o Ser, e sim permite que ele seja despensado, de modo que o movimento entre substrato e insubstrato não deve ser visto como alternância dialética ou mutação histórica. Trata-se antes de um campo dinâmico em que o que aparece o faz sempre em fuga, à maneira de vestígio e derivação do que jamais se apresenta. A *kabbalah* expressa tal dinâmica por meio das duas fórmulas já citadas que, longe de se oporem, se implicam: *yesh me-ayin* (o Ser que vem do Nada) e *ayin me-yesh* (o Nada que vem do Ser). Entre ambas se dá uma oscilação indecidível não porque falte clareza ou lógica, mas porque *Ayin* transborda qualquer estrutura que pretenda fixá-lo.

David ben Abraham ha-Laban, cabalista francês do século XIII, dizia que o Nada possui um grau ontológico superior a qualquer existente justamente porque sua simplicidade absoluta confunde a inteligência humana. Com efeito, a *kabbalah* desnorteia os sábios, que só conseguem pensar a partir da complexidade, da lógica e da estrutura. Curiosamente, o mesmo gesto de ha-Laban – no limite entre o pensamento místico e o filosófico – será retomado pelo jovem Hegel em seu célebre ensaio *A diferença entre os sistemas filosóficos de Fichte e de Schelling*. Nessa obra, em uma formulação que soa mais cabalística do que idealista, ele escreve: "O Absoluto é a noite, e a luz é mais jovem do que a noite. [...] O Nada é o primeiro, do qual emergiu todo ser e toda a multiplicidade do finito" (1967, p. 24-25). Não se trata, portanto, de afirmar o Nada como entidade positiva, mas de reconhecer que toda positividade – todo aparecer – repousa sobre um fundo que *não é* e que por isso mesmo permite o surgimento do que *é*. O Nada, nessa perspectiva, não significa ausência, e sim condição não fundante da presença. Ele é o princípio que, por não ser principial, sustém todos os outros sem jamais deixar-se sustentar.

Em seus *Dez aforismos não históricos sobre a cabala*, Scholem observa que o saber cabalístico se funda em uma contradição insolúvel, eis que seu objeto é, por definição, incognoscível, operando não segundo a lógica da descoberta ou da exegese histórica, mas no interior de uma tensão irreconciliável entre cognoscibilidade e ocultamento. Ao contrário da história, cujo segredo repousa no estado das fontes e em sua interpretação, a *kabbalah* se ocupa de um segredo estrutural de outra ordem, o qual deriva do caráter absolutamente transcendente de Deus ou, mais precisamente, do Nada a partir do qual toda emanação se dá. Trata-se de uma conclusão que, embora implícita em seu pensamento, Scholem evitaria afirmar de maneira direta, tendo em vista o risco de sua assimilação ao panteísmo. No entanto, a ambiguidade permanece, como mostram suas próprias palavras: "A plenitude essencial do Deus oculto, que permanece transcendente em relação a todo o conhecimento (inclusive ao intuitivo), torna-se o Nada no ato primordial de emanação, um ato que é, acima de tudo, a pura inclinação em direção à criação" (*in* Biale 1985, p. 79).

No hebraísmo *an-árquico*, o Nada não se opõe ao Ser, sendo sua curva inicial, aquilo que, ao se inclinar, abre espaço para o múltiplo. Esse Nada constitui o início do *Ayin Sof*, termo tradicionalmente traduzido por "Deus", mas que em hebraico significa literalmente "o ilimitado", "o sem fim" ou, conforme propõe Agamben, *o infinitamente*, considerando a natureza adverbial da expressão (2014, p. 211). Estamos diante, então, menos de um nome divino do que de uma modulação da inominabilidade, de um modo de dizer sem dizer. Tal concepção distingue radicalmente a tradição hebraica da metafísica ocidental. O *ápeiron* (ἄπειρον) de Anaximandro, por exemplo, ainda que in-determinado, é um princípio material, uma *arkhé* que se deixa pensar dentro do horizonte do Ser. Na *kabbalah*, ao contrário, o Nada remete à não existência enquanto tal, ou melhor, à *não ek-sistência* de Deus antes da criação, ou seja, à sua não saída rumo ao Ser. Surge assim um Deus sem forma nem semelhança, que "estava sozinho no mundo", como se lê no *Zohar* (217). Em passagens ainda mais radicais, *Ayin Sof* acaba absorvido por *Ayin* – o Nada –, reduzindo-se ao Sem, apontando para uma inexistência absoluta que não se deixa conceituar nem nomear. *Ayin* é o apenas intuído, jamais pensado; figura do Não-Ser que transcende não só o Ser, mas a própria possibilidade de entendimento.

No *Zohar* (288b), o Nada não surge enquanto etapa anterior à criação ou momento inaugural, e sim como aquilo que, por nunca ter entrado na ordem do Ser, permanece se modulando enquanto reserva não emanada, fenda de silêncio no coração da linguagem. Portanto, *Ayin* não é o que antecede o mundo, mas o que resiste à sua totalização. Mesmo depois da criação ele permanece enquanto abismo suspenso no centro de tudo que é. Essa leitura adquire uma inflexão ainda mais intensiva na interpretação de Oskar Goldberg, cuja presença incômoda paira à semelhança de uma sombra sobre os grandes nomes do pensamento judaico moderno. Scholem, como se sabe, nunca escondeu sua aversão a ele, e não sem razão, dado que o projeto de Goldberg desloca a *kabbalah* de seu eixo simbólico-místico ao reorientá-la rumo a um horizonte materialista-vitalista em que o hebraísmo deixa de ser uma tradição teológica para ressurgir enquanto dispositivo operatório da presença.

Segundo Goldberg, como já vimos, o hebraico bíblico não é uma linguagem metafísica nem conceitual, pois não representa, e sim acessa. Não organiza o mundo por meio de categorias, mas o ritma. A língua não é, no hebraísmo, um instrumento de designação do real, apenas uma arquitetura de presença que se sustenta sem a necessidade de sujeitos. Não se trata de expressar uma verdade, e sim de curvá-la, filtrá-la, suspendê-la. Põe-se assim uma linguagem operatória e membranar que instaura vetores de acesso e não conteúdos religiosamente reveláveis. Uma vez aplicada à *kabbalah*, essa perspectiva inverte o modelo scholemiano de interpretação, de maneira que a "tradição" deixa de ser compreendida enquanto sistema de símbolos teológicos e passa a operar ao modo de arquitetura filtracional. As *sephiroth*, por exemplo, já não são atributos de Deus, mas filtros de acessibilidade intensiva; zonas de variação, não de essência; modulações de presença, não qualidades divinas. Por seu turno, a emanação não expressa plenitude ontológica, somente abre ritmos, sem quaisquer garantias. Por fim, *Ayin Sof* deixa de ser concebido como fonte ou origem e se torna o que Goldberg chamaria de uma *ausência curva*, uma forma de fundar que não funda, uma maneira de sustentar que não estabiliza. *Ayin*, mais do que puro Nada, indica uma topologia de não fechamento, um campo sem limite que não se oferece enquanto verdade, apenas como intensidade filtrante, vibração sem destino.

Trata-se de um modelo não fundacional que resiste tanto às metafísicas da negatividade quanto às tentativas de reabsorver *Ayin Sof* no registro do Ser. Nele não há fundamento oculto ou plenitude recôndita, somente uma topologia de inacessibilidade imanente em que o real não se oferece enquanto totalidade, mas como série de obstruções rítmicas, falhas moduladas, campos de dessincronização. *Ayin Sof* não diz nada. Ele torna possível o não dizer. Não se revela: filtra. Não conduz ao Uno: desfaz a via. *Ayin*, portanto, não equivale ao Nada. Não é carência, ausência ou lacuna ontológica, e sim aquilo que não pode ser base. E não porque falhe, mas porque desativa a própria ideia de base. *Ayin* não funda: suspende toda fundação, surgindo como condição silenciosa de uma pluralidade sem Um e tornando possível o múltiplo sem recorrer à unidade. Na tradição cabalística, *Ayin* precede toda emanação sem jamais se converter em origem. Ele não ocupa o lugar arcaico do princípio, não inaugura nada: apenas permanece enquanto inclinação anterior a toda genealogia. Não é caos; é ritmo sem suporte, pulsação que resiste à estrutura, vetor que opera não por presença, mas por descontinuidade.

Dispositivo estrutural de não fundamento, *Ayin* é um tipo de anti*arkhé* cuja força não reside em inaugurar, e sim em tornar a inauguração impossível. Por isso não é o primeiro nem o último, mas aquilo que, por não sustentar nada, possibilita a passagem sem transição, origem ou fim. Pensar com *Ayin* significa pensar sem raiz; habitar sem essência; resistir sem lei. Onde a Modernidade exige fundamento, *Ayin* oferece queda estrutural; porém não em sentido moral ou valorativo, e sim como retirada do chão e retorno a um solo que nunca houve.

Ayin é o sem sentido primeiro, *an-arkhé* sem princípio, fundamento ou comando continuamente ressignificada pela obra da criação, embora tal criação não passe de um artefato contingente, tecido instável feito de vibrações do Nada. De fato, a matéria da criação se revela enquanto não-matéria porque sua substância é apenas uma modulação do insubstancial. Nesse gesto indica-se uma ética estrutural, nos levando a intuir que nenhuma construção divina ou humana repousa sobre essência alguma. Não há *arkhé*. Nem mesmo Deus, tal como concebido na tradição cabalística, escapa a esse movimento, pois Ele próprio, em sua inclinação criadora, emerge do Nada no qual, por fim, repousa. No sábado, Deus descansa no Nada, não em si mesmo. A existência – e aqui o prefixo *ex-* nos parece significativo – é sempre um salto para fora, um exílio em direção ao Ser. Todavia, esse salto, tanto o de Deus quanto o do humano, se tece com a frágil e infinita (in)substância do Nada.

Dessa forma, a criação não desvela nenhum sentido oculto, somente dobra o que jamais se mostra. É o que a *kabbalah* parece nos ensinar, ainda que sempre autolimitada pela intransponível inexpressabilidade de suas próprias "verdades" (Biale 1985, p. 85) que, contudo, não se impõem à maneira dos dogmas, antes se oferecendo enquanto figuras, convenções, metáforas, ou seja, "verdades" sem pretensão de *arkhé*, jamais fundantes ou fundadas. Afinal, de acordo com Scholem, "a 'verdadeira' linguagem não pode ser falada, assim como o absolutamente concreto não pode ser realizado. [...] O nome de Deus é absoluto, dotador de significado, mas ele mesmo sem significado" (*in* Biale, 1985, p. 87).

Não há, portanto, nada que seja fixo a ponto de não poder ser transformado. Nenhum fundamento é último ou primeiro. Nenhum poder é necessário. Todo regime, toda estrutura e todo poder, por mais sólido que se pretenda, está submetido ao processo de nadificação do qual brotou e que insiste, silencioso, em corroê-lo a partir de dentro. Ignorar essa precariedade, trair esse Nada, equivale a reificar o inconstituível. É o que faz o sionismo ao pretender inscrever o judaísmo – tradição da ausência, da despossessão, da fuga do Uno – em uma lógica territorial, identitária e soberana. Nada pode trair mais profundamente o judaísmo – essa gesta, essa saga do não-povo – do que a sua conversão em Estado.

FASCIO-SIONISMO

Sionismo é fascismo

Muitos julgam ser não apenas conceitual e historicamente errado comparar o sionismo ao fascismo e ao nazismo, mas também eticamente condenável. Contudo, não é essa a opinião de uma das maiores especialistas no tema do totalitarismo no século XX, a filósofa judia Hannah Arendt, autora de obras fundamentais, a exemplo de *Origens do totalitarismo* (1951) e *Eichmann em Jerusalém* (1963). Com efeito, em dezembro de 1948, ao lado de Albert Einstein e outros intelectuais judeus, ela dirigiu uma carta aberta aos editores do *New York Times* para denunciar o "Partido da Liberdade" (*Tnuat Hahérut*) no recém-criado Estado de Israel. Segundo os subscritores da carta, tratava-se de "um partido político muito próximo em organização, métodos, filosofia política e apelo social aos partidos nazistas e fascistas [...] formado a partir dos membros e seguidores do extinto *Irgun Zvai Leumi*, uma organização terrorista, conservadora e chauvinista na Palestina."

Não surpreenderá saber que o "Partido da Liberdade", então liderado pelo terrorista Menachem Begin, que naqueles dias buscava apoio financeiro e ideológico junto ao sionismo conservador estadunidense, constituiu a célula inicial do *Likud*, partido de extrema direita que hoje governa Israel e é o responsável direto pela carnificina em Gaza. O *Likud* foi criado em 1973 como uma coalizão de partidos de direita, entre os quais estava o Partido da Liberdade. Este, por sua vez, inspirado pelas ideias de Zeev Jabotinsky, defendia um nacionalismo judaico militante, a superioridade racial judaica, a expansão territorial e o liberalismo econômico em oposição ao socialismo trabalhista dominante na época. Com a vitória do *Likud* em 1977, Begin tornou-se Primeiro-Ministro, marcando a ascensão da direita no cenário político israelense. Com o tempo, o Partido da Liberdade foi absorvido formalmente pelo *Likud*, cuja ideologia ainda carrega os traços do revisionismo original, especialmente na ênfase em segurança, expansão territorial e oposição à criação de um Estado palestino nos moldes tradicionais.

O que verdadeiramente impressiona na carta assinada por Arendt e Einstein não é a óbvia aproximação entre o sionismo do Partido da Liberdade e o nazifascismo, algo evidente a todos que ainda possuem alguma capacidade crítica de pensamento, mas a candidez com a qual se fecha a missiva, quando o partido sionista é caracterizado como uma "última manifestação do fascismo". O que parece escapar a Arendt e à sua lógica de pensamento liberal é o fato de que o fascismo e o sionismo que dele deriva não se resumem a uma ideologia política ou a um regime de subjetivação, tratando-se antes de algo muito mais complexo e que, longe de desaparecer, somente se fortaleceu nas últimas décadas, especialmente em Israel, onde o *Likud* governa de forma quase ininterrupta desde 1977, tendo no carniceiro Benjamin Netanyahu a sua face visível desde 2009 até hoje.

O que Arendt não percebeu, em um nível bem mais profundo, é que o sionismo representa um apagamento da intensidade. Não por excesso de presença, mas por desritmização, dado que elimina o retardo, suprime a latência e colapsa o intervalo. Onde o hebraísmo oferece *korban* – o gesto suspenso do sacrifício –, o sionismo impõe execução imediata. Onde há *kavod* – o peso inabarcável da presença –, o sionismo projeta luz constante. Ele não suporta sombra, dobra, membrana. Enquanto inverso do hebraísmo filtracional, o sionismo impõe acesso sem mediação, contato sem descompasso, tempo sem inflexão, com o que se constitui uma topologia privada de dobras, torções ou resistências ao fluxo totalitário da presença. Enquanto o hebraísmo reconhece na defasagem um limiar que possibilita ir do mesmo ao outro, o sionismo a interpreta enquanto falha e a elimina. Nesse sentido, o sionismo constitui desde sempre uma das potencialidades negativas do hebraísmo, mantendo com ele uma relação parasitária, da mesma maneira que o totalitarismo se apresenta como uma corrupção da democracia, pretendendo preencher o espaço vazio e *an-árquico* por ela aberto, segundo a clássica leitura de Claude Lefort (1981). Eis por que no título deste livro propomos um antissionismo, dado que, conforme já ensinou Heidegger (2008) em seus abissais cursos sobre Nietzsche, toda realidade que se diz *anti* permanece relacionada àquilo que antagoniza. Com efeito, não objetivamos negar a pertinência estrutural do sionismo ao campo do hebraísmo, e sim lê-lo enquanto corrupção – não no sentido meramente moral, mas ontológico – de seu princípio central, qual seja, a *an-arquia*. Assim, uma eventual destruição do sionismo somente pode vir do interior do hebraísmo *an-árquico*.

Podemos perceber a antirrelação entre ambas as ideias ao comparar suas lógicas. Ao que vibra no mundo, o hebraísmo não responde com solidez, mas com curvatura. Por seu turno, o sionismo vê tudo sob a forma do contágio e leva a filtragem ao colapso, confiando no algoritmo que não produz verdade, mas sincronização despida de membrana. A guerra, em seu excesso de luz, não rompe o mundo, e sim o impede de hesitar. Frente a isso, o hebraísmo não oferece resistência frontal, mas torção topológica. Nele não há "saída", só ritmo, retardo, dobra. Já o sionismo, que não se limita à política, reconfigura o espaço ao produzir uma arquitetura intensiva. Sua forma elementar é o muro. Onde há possibilidade de defasagem, o sionismo instala fronteiras. Onde há curvatura, impõe linha reta.

Semelhantemente ao deserto onde nasceu, no hebraísmo *an-árquico* não há muros, apenas membranas, de modo que a acessibilidade não se concede nem se nega: curva-se. Conforme vimos, *anan*, a nuvem no deserto, não oculta a presença divina, e sim a possibilita ao atuar enquanto desacelerador ontológico que suspende o contato imediato com *kavod*, a densidade incandescente da divindade. O templo não brilha; vibra. Não exibe; posterga. O santuário não rejeita os impuros, preferindo reconfigurá-los fora de fase. *Machaneh* (מַחֲנֶה), o "espaço fora do acampamento", contém também seu exterior, com o que o impuro não é eliminado, mas deslocado. Ao contrário, a cidade sionista não tolera nenhuma exterioridade, exigindo visibilidade total, luz constante e sem sombra que converta cada praça em altar sem nuvem e cada passo em sincronização absoluta. O mundo então se torna liso, escaneável, previsível.

O hebraísmo *an-árquico* de Goldberg-Deleuze concebe o espaço enquanto ritmo sem centro onde somente há nós de acesso com retardo. Nele a lei não comanda; filtra. Por isso o espaço antifascista por excelência é o de *shabbath*, não por interromper a produção, e sim por suspender o vetor e desativar a cadeia causal. De fato, *shabbath* não fecha; dobra. Não proíbe; desacopla. Em um mundo de câmeras, escâneres e algoritmos, o espaço sabático surge ilegível, irrepresentável. Lá onde o sionismo ergue muros, o hebraísmo desenha nuvens. Ao invés de impor acesso absoluto, o hebraísmo faz emergir a filtragem da presença, compreendendo que todo muro aponta para um fracasso de filtragem, inclusive e principalmente no nível biológico.

Talvez a manifestação mais evidente do fascismo – e, por extensão, de sua versão judaica, o sionismo, daí porque a partir daqui falamos de *fascio-sionismo* – seja a obsessão com a pureza (Matos, 2023, p. 95-101). Contra essa tendência mortífera nos parece necessário retomar o sentido de *tumah* discutido anteriormente. Ao contrário do que indicam os dicionários de sionês e as tradições moralizantes, *tumah* não significa "impureza", mas interrupção na possibilidade de receber. Não se trata de sujeira nem de falha ética, e sim de um sinal de que o corpo perdeu momentaneamente a capacidade de contato, ou seja, perdeu sua membrana. No mesmo sentido, *tahor* (טָהוֹר) não é "pureza", mas a restauração dessa acessibilidade, um tipo de reativação do canal.

Tumah se manifesta na tradição em situações de fluxo incontrolado: morte, ejaculação, menstruação, parto, lepra etc., eventos que desestabilizam o ritmo do corpo, que o defasam. Todavia, o corpo em *tumah* não está fora do pacto, apenas fora de fase. Não precisa ser eliminado, somente aguardar seu reinício, sua reintegração rítmica em *machaneh*, que não representa exclusão ou exílio, mas uma zona de reinício ontológico. No hebraísmo tradicional, os corpos mortos, impuros ou *zar* são colocados fora do acampamento não para serem destruídos, e sim para impedir que o centro colapse sob o excesso de presença. Diferentemente do que ocorre no fascio-sionismo, o marginal não precisa ser rejeitado, apenas ritmizado fora da frequência dominante. Assim, a exterioridade não se torna exclusão, dado que é parte do sistema de acesso, sua dobra necessária. Tal visão dissolve qualquer binarismo rígido: puro/impuro, centro/periferia, judeu/não-judeu etc. De fato, o hebraísmo *an-árquico* não opera mediante exclusões fixas, e sim por meio de redistribuições temporais de acessibilidade.

O fascio-sionismo, incapaz de compreender esse sofisticado mecanismo filtracional, substitui o "fora" ritual por uma política da extinção. Nele não há retardo nem ritmo, apenas exclusão, dado que a espera, que não se identifica com simples passividade, modula de maneira ativa o desejo, sem o que ele assumiria uma lógica oca de automatismo e retroalimentação tipicamente fascista. Compreende-se assim porque o fascio-sionismo não constitui um desvio do mito nem uma degeneração da Modernidade, sendo antes a inversão catastrófica de uma topologia teológica, uma traição estrutural mais antiga do que o Estado-nação ou a teoria da raça. Não se trata, portanto, de uma ausência de religião, mas da sobrevida de um ritual desprovido de filtragem, ressonância e intervalo que compõe uma máquina sacrificial sem membrana.

Resta acrescentar que a leitura aqui proposta do hebraísmo em contraposição ao fascio-sionismo não pode deixar de ser radicalmente pós-biopolítica. A biopolítica – que, desde Foucault, também é estruturalmente tanatopolítica – organiza a vida como população, o corpo como objeto médico e a existência como recurso produtivo. O hebraísmo, por sua vez, não reconhece essas categorias, pois nele não há corpo enquanto substância, somente interface de ritmo, zona oscilante entre o visível e o filtrável. *Nefesh*, equivocadamente traduzido por "alma", é na verdade vibração respiratória, um módulo de oscilação entre o acesso e o recolhimento. No hebraísmo *an-árquico*, o corpo não se representa, mas se desacopla. A biotanatopolítica fascio-sionista tenta capturá-lo sob a forma de dados, porém não consegue fazer vibrar sua *nefesh*. Cada intervenção torna-se então sacrifício sem ritmo e violência sem ressonância. *Shabbath* não pode ser reciclado. *Zar* não pode ser higienizado. *Kavod* não pode ser digitalizado.

O corpo moderno perdeu sua membrana. Por isso, toda crise é, antes de tudo, um problema de acesso. E não porque haja bloqueio, mas porque se colapsa a possibilidade de filtrar. Contra essa tendência fascista do presente, o hebraísmo de Goldberg-Deleuze não interpreta os eventos como rupturas narrativas, e sim enquanto descompassos de intensidade. Nele não há catástrofe, somente quebra que não pôde ser absorvida, ou seja, *zar*, corpo que dessintoniza, presença sem canal. No contexto do hebraísmo *an-árquico*, *zar* é mantido nos limiares, jamais expulso. Hoje o fascio-sionismo o destrói porque não consegue absorver o que não pode sincronizar. *Zar* é então o nome do corpo que não pode ser inscrito no protocolo sacerdotal do fascio-sionismo, pois funciona como vetor de dessintonia que, contudo, não é ameaça, mas aquilo que vibra fora da frequência dominante. O migrante na fronteira, o doente fora do protocolo, o corpo trans sem inscrição legal, o palestino supliciado em Gaza, o texto ilegível pela máquina – todos são *zar* e, enquanto tal, algo inassimilável pelo fascio-sionismo.

Quando Deus se contraiu no *tzimtzum*, Ele se diminuiu para abrir espaço ao Nada que acolhe o outro, o estranho, o diferente. Já o fascio-sionismo tem por princípio básico – trata-se da sua *arkhé* – tomar espaço, se expandir e transformar tudo em si mesmo, assumindo a lógica da técnica que, conforme percebeu Heidegger, não pensa, mas simplesmente funciona, transformando tudo e todos em mero recurso disponível (*Bestand*). Em um nível ainda mais decisivo, a contínua expansão do fascio-sionismo pode ser lida enquanto culto sem fim, na linha do que propõe Benjamin em *O capitalismo como religião*. Fascismo, sionismo, técnica e capitalismo são facetas de uma mesma religião cultual em que não importam os dogmas, somente a contínua celebração de si mesma por meio de infinitos processos de culpabilização que não conhecem nenhum *shabbath*, nenhuma pausa ou redenção; em suma, nenhum pensamento, já que pensar significa parar, voltar, atrasar, quebrar, refletir, ser outro.

O fascio-sionismo não pensa. Só exige pretensos silogismos lineares e acríticos tais como: "O maior horror do século XX foi o antissemitismo nazista que objetivou exterminar os judeus → o sionismo é judeu → logo, toda crítica ao sionismo é antissemita e filonazista, não podendo ser sequer formulada". Nessa perspectiva, não se pode confundir o movimento voraz e cego do fascio-sionismo técnico com o fluxo imanente teorizado por autores como Deleuze, eis que, no fascio-sionismo, é o *igual* que sempre se propaga, enquanto em Deleuze e na sua versão *an-árquico*-cabalística é o *diferente* — consideremos, por exemplo, as *sephiroth* — que se desdobra após a abertura de espaço possibilitada pela contração autodonativa de Deus.

Fascio-sionismo como traição

Em última instância, todos nós somos *zar*, já que todos, em alguma medida, somos impuros e múltiplos. Na gramática hebraica da criação, o ser humano não nasce de uma única vontade soberana, mas da multiplicidade dos *Elohim* (אֱלֹהִים), que dizem em *Gênesis* (1:26): "Façamos o ser humano à nossa imagem". O plural aqui não é decorativo nem poético, mas estrutural. O humano é formado enquanto híbrido, revelando-se como um campo de vetores conflituosos de presença que traduzem os vários *Elohim*, entre os quais está *HaShem*, o Nome Impronunciável, mas também potências do juízo, da formação e da destruição. O ser que deles surge não é unitário, mas organoidal. Desde o princípio, não há pureza, e é por isso que surge no hebraísmo a obsessiva questão de como lidar com a contaminação. O *berit* – pacto – não elimina essa multiplicidade, e sim a filtra na medida em que cria ritmos e modula acessos.

O primeiro núcleo biológico dessa modulação não é Abraão, mas o carneiro, órgão de substituição e limiar sacrificial. A passagem do carneiro a Abraão já representa um corte, um deslocamento da estrutura biológica para a lógica relacional da mediação. Ademais, Abraão não foi eleito pelo sangue, mas pelo chamado que atravessa a herança, dado que ele não carrega uma essência, e sim um desvio. A pureza, nesse sistema, não se define pela substância biológica, somente pela capacidade de acessar o divino em um regime de modulação. Surge então *El Shaddai* (אֵל שַׁדַּי), que não é um Deus de força absoluta, e sim de membranas e latência, tensão e contato. Ele regula o insustentável – a massa de *kavod*, o peso da presença infinita – para torná-la suportável. Nele a presença não se dissolve; se dobra. Assim, o nome *El Shaddai* abre caminho para a compreensão de uma divindade que não precisa de lugar, pedra, altar ou fronteira, tratando-se de um Deus não local, intensivo e tensional. Segundo Goldberg, *El Shaddai* não deve ser visto como um Deus de transcendência metafísica, mas de presença ritual, que age não por meio da lei, e sim mediante a modulação dos ritmos do corpo coletivo. Nessa configuração, o contato com o divino não depende de habitar um território, mas de nele transitar, transmitir, latenciar uma presença não contínua e pulsional.

Todavia, as traições a essa configuração do plano da imanência não tardam, verificando-se muito antes do fascio-sionismo. Com efeito, a tradição rabínica posterior ao deambular no deserto cunhou o conceito de *makom* (מָקוֹם), entendido como "lugar da divindade", evidenciando assim que a topologia do sagrado foi, pouco a pouco, capturada internamente pela arquitetura sacral, contrastando com a lógica de *El Shaddai*, cuja presença não exige lugar fixo, mas emerge enquanto membrana rítmica de modulação intensiva. É justamente por isso que, segundo Goldberg, a forma mais pura do hebraísmo se realiza antes da fundação da monarquia, ou seja, antes da institucionalização do espaço sagrado e da centralização do ritual. O famoso reino de Israel comandado sucessivamente por Saul, Davi e Salomão não representa o ápice da religião, e sim o momento de sua decadência, fixada mediante um congelamento do ritual dinâmico na estrutura do poder. *El Shaddai*, cuja presença era dispersa, nômade e membranar, cede lugar a JHWH, que não surge como outro Deus, mas enquanto outra operação da presença. Onde antes o ritual era corpo, torna-se sistema, de maneira que o templo de pedra substitui a membrana. Dessa feita, o ritmo tensional acaba colonizado pela arquitetura normativa.

Sob essa perspectiva, a catástrofe religiosa não começa com o exílio, mas com a territorialização da divindade, que transforma a presença em representação. O drama não se instala na Babilônia, e sim em Jerusalém, cidade que traduz o projeto de centralização do acesso herdado pelo fascio-sionismo. Conforme veremos adiante com Taubes, a tragédia do hebraísmo não se traduz na perda da terra, mas em sua posse. Assim, o alerta goldberguiano contra a fixação e o enrijecimento da relação com o divino em formas político-sociais pode ser lido enquanto crítica radical a toda teologia política, quando o ritual se subordina ao poder para sustentar trajetórias que estabilizam a dependência.

O fascio-sionismo se inscreve exatamente nessa lógica da fixação. Ele não representa nenhuma continuidade do hebraísmo, apenas sua reversão estrutural, dado que elimina a latência ritual e substitui a modulação pela exigência de pureza, a transmissão pela monumentalização e *El Shaddai* por um JHWH todo-poderoso e sem vibração. Onde Goldberg vê o ritual enquanto tensão entre presença e irrepresentabilidade, o fascio-sionismo confunde presença com execução. Onde o ritual retarda, o fascio-sionismo acelera. Onde a membrana filtra, a ideologia sentencia. Dá-se então a inversão da lógica do *korban*, passando-se da oferta mediada à execução sem intervalo. Segundo Goldberg, ritual é atraso e risco, jamais equivalência entre ação e sentido. O fascio-sionismo, ao transformar o hebraico em operação política, apaga o interstício sacrificial (*korban*) e instala um tempo pleno e sem rachaduras. A oferta então se converte em eliminação, e a letra, em sentença, eis que "o sionismo substitui a relação ritual com Deus pela administração de um espaço" (Goldberg, 1925, p. 139).

Por não tolerar dobras, o fascio-sionismo exige em seu lugar unificação, pureza e centralidade. Ele odeia o corpo organoide e tenta purificar o que nunca foi puro, transformando *berit* em eugenia, *etzem* em genótipo, *kavod* em monumento e *korban* em extermínio. Ele não filtra; executa. Simula o sacrifício e esvazia sua relação. Não oferece; apaga. Ao invés de dobrar, corta e lesiona. O corpo, que era zona de contato, torna-se então contaminante. A contaminação, que era temporária, converte-se em estrutura. Se o sistema hebraico adia o toque, o fascio-sionismo o suprime. Nesse horizonte, a máquina ritualista fascio-sionista não produz tensão nem vibração, com o que o corpo já não pode ser afetado, somente eliminado, sendo o acesso convertido em compulsão. No fascio-sionismo não há espaço intermediário, apenas vetor único, dado que toda presença se torna totalitária e toda diferença, intolerável. O ritmo é, para o fascio-sionismo, algo impensável.

O fascio-sionismo não elimina o divino, mas o projeta ao monumentalizar a presença e exteriorizá-la, massacrando o corpo que não pode sustentá-la. Enquanto a lógica hebraica vê em *tumah* (impureza) uma interrupção provisória da transmissibilidade, o fascio-sionismo a interpreta sob a forma de ameaça ontológica. O corpo, que antes era um lugar de *peso*, agora só serve para contaminar. O carneiro, figura do sacrifício mediado, não é mais uma chave da substituição, mas execução sem intervalo, dobra ou rito. Neste contexto, a eugenia não constitui apenas um erro científico, e sim algo mais violento, ou seja, inversão ritual. De fato, ela simula a lógica do *korban* - a oferta -, mas a esvazia de toda relação, não sendo capaz de abrir espaços de encontro. A ideia de pureza fascio-sionista não tem raiz hebraica, nem antiguidade ou sacralidade: é só uma lógica morta, fruto da eliminação da bifurcação.

Na topologia hebraica do acesso, a pureza não é um estado final, mas uma modulação dinâmica. Nela não há a estabilização de uma identidade, e sim a regulação da aproximação. Eis a lógica de *etzem*, que filtra para diferenciar acessos e não para julgar. *Etzem* não é um lugar, tratando-se antes de uma zona de ressonância, uma geometria não euclidiana da proximidade. Ser puro, nesse campo, não significa possuir essência imaculada, e sim estar ritmicamente alinhado com a possibilidade de contato. Tem-se, portanto, um sistema vibracional em que o sacrifício não rompe o corpo, apenas o torna transmissível sem anular a diferença, que então se transforma em ressonância. O que *etzem* oferece não é o corpo em sua substância biológica, mas sua posição na rede de acessos filtrados. Ele não destrói; dobra. Não resolve; ritmiza.

Por seu turno, ao parodiar o hebraísmo, o fascio-sionismo colapsa a bifurcação em binarismo, já que não reconhece nenhuma zona de latência. Com isso, ele interpreta o ritmo enquanto contaminação e a interrupção como falha. No hebraísmo, *tamei* ("impureza", טָמֵא) suspende o contato de forma provisória, adiando a proximidade para torná-la suportável. Já o fascio-sionismo impõe a erradicação ao eliminar o vetor e forçar a presença. Trata-se de um rito simulado que assume a forma exterior do hebraísmo, eliminando, contudo, sua estrutura interna. Desse modo, o fascio-sionismo projeta não proximidade, mas imposição.

Conforme se pode perceber, a máquina fascio-sionista imita o ritual, porém esvaziando sua tensão. Nele não há mais dobra, somente imagem a ser idolatrada. Não há mediação, apenas trajeto direto, retilíneo, sem hesitação. O corpo, antes operador de contato, torna-se obstáculo. Ele já não filtra: é sanitarizado. Já não se oferta: é apagado. Surge assim uma heresia eugenética que simula a lógica do *korban* enquanto se elimina toda sua carga relacional, dando lugar a um gesto oco que replica a forma do sacrifício privando-o de sua estrutura interna. Ao transformar o acesso em vetor único, o fascio-sionismo substitui a dobra pela trajetória, de modo que o corpo não mais se aproxima, devendo se alinhar ou desaparecer. Todavia, acesso sem tensão não é acesso, mas compulsão. O fascio-sionismo só consegue projetar presença ao suprimir a diferença, eis que não admite espaços que se curvam, apenas linhas que se impõem. O resultado é uma máquina sacrificial sem sacrifício, presença sem mediação e estrutura ritual sem membrana.

Por isso sustentamos que o fascismo – e o sionismo que o encarna no universo judaico – são mais do que ideologias ou regimes de subjetivação, tratando-se de *topologias da traição*: traição do corpo enquanto zona de contato, traição da filtragem como mediação sagrada, traição da pluralidade inscrita no coração do humano. São, sobretudo, traições de *etzem*, de *El Shaddai*, de *kavod* e, em última instância, de *Ayin Sof*. O fascio-sionismo surge enquanto pacto que assassina seu próprio filtro, um Abraão de presença total que degola Isaac sem hesitar. Liturgia carente de ressonância, o fascio-sionismo se funda em uma presença sem diferença. De fato, nele a presença é monopolizada; a identidade, totalizada; e a bifurcação – que sustentava o ritmo e o intervalo – acaba substituída por um colapso da filtragem. O que antes vibrava, agora se encerra e só pode ser obliterado.

Na estrutura hebraica de acesso, filtrar significa retardar; e retardar, abrir, já que nele o tempo não se percebe enquanto linha reta, mas suspensão. Não há progresso, e sim pulsação, pois cada ato de purificação abre uma negociação com a interrupção, cada *korban* (sacrifício) instaura um contrarritmo, de maneira que o tempo não se acumula: ele se bifurca, se dobra, se retém, permitindo retornar, reentrar, reposicionar-se. A impureza não é vencida pela exclusão, e sim transformada pela travessia. Ela não é extraída, mas experimentada. Não é eliminada, apenas reconfigurada.

O fascio-sionismo, no entanto, não suporta suspensão. Não tolera latência, intervalo e o atraso constitutivo de toda filtragem, exigindo sempre resolução imediata, alinhamento instantâneo, ritmo finalizado. Sua temporalidade nada tem de pactual, sendo antes absoluta. Não é cíclica nem divergente; é linear, projetada, fixa. Ao invés de filtrar o acesso, o tempo fascio-sionista o força. Assim, diferentemente da topologia hebraica, que estrutura a proximidade por meio da diferença, o fascio-sionismo instala presença permanente, identidade total e sincronização compulsória, colapsando a filtragem. Não se trata de uma simples supressão do ritual, mas do rechaço do tempo rítmico, dado que o fascio-sionismo destrói a possibilidade de esperar sem excluir, de retornar sem destruir, de diferenciar sem expulsar. O que resta não passa de um tempo pseudopactual, sempre presente e nunca diferível. Nele cada momento precisa se alinhar ao vetor projetado. Não há mais impureza porque não se verifica nenhum atraso. Já não há oferenda porque não existe distância.

Em suma: o tempo fascio-sionista abre um único acesso terminal em que não se dá promessa, e sim aniquilação da potência. E uma vez destruído o ritmo, o que sobra é, conforme já dissemos, mera compulsão. Se o hebraísmo sustenta um mundo multifásico – sagrado e profano, próximo e distante, presente e suspenso –, o fascio-sionismo colapsa todas essas fases em uma única presença totalizante que não significa intensificação, mas saturação. Já não há *etzem*, o centro que filtrava. Resta apenas monointensidade e demandas contínuas de proximidade, alinhamento e certeza. O sistema deixa de filtrar o contato para consumi-lo. A topologia do tempo fascio-sionista não indica retorno, resumindo-se a um circuito fechado, trajetória projetada que elimina toda lateralidade. Daí porque o fascio-sionismo não pactua, limitando-se a exigir. Se a filtragem sustentava o tempo, o fascio-sionismo o anula.

O fascio-sionismo não admite o ritmo porque não aceita mediações. Ele rejeita a densidade e exige sempre mais e mais clareza porque deseja que a presença se converta em sinal inequívoco, em monumento, em mensagem fixa. Onde o sistema hebraico instala filtros, o fascismo ergue ícones, de modo que *kavod* é substituído por imagens. Nasce assim a idolatria, e não apenas como categoria religiosa, mas também enquanto lógica fundamental do neoliberalismo, essa religião total do dinheiro. Sem a categoria teológico-política da idolatria não se compreende o delírio de adoração que figuras semelhantes a Bolsonaro, Trump e Netanyahu suscitam. Todos são ícones de uma presença sem densidade, sinais em alta definição projetados sobre as ruínas da filtragem. Eles são a prova de que a lógica fascio-sionista não sabe lidar com o que tem peso. Tal lógica exige contínuos sinais que sejam emitidos, traduzidos, lidos e domesticados. Nesse modelo, uma vez que *kavod* não é conversível em imagem espetacular, precisa ser eliminado. Entretanto, o que não pode ser convertido tampouco pode ser destruído. *Kavod* permanece já não como centro invisível, mas enquanto tensão não resolvida, gravidade sem imagem. A sombra pode ser ofuscada e destruída. O peso não. E é por isso que o sistema fascio-sionista precisa de rituais que substituam o peso por estrutura, com o que o extermínio se torna sua única forma de ação. Tudo aquilo que ele não consegue sustentar deve ser aniquilado, e o que não pode ser tornado legível precisa ser apagado.

Ao contrário, no sistema pactual do hebraísmo *an-árquico*, a presença não se manifesta sob a forma de continuidade. Ela simplesmente irrompe, demandando preparação, filtragem, demora – em uma palavra: tempo. O fascio-sionismo suprime essa lógica porque não aceita interrupção nem reconhece qualquer massa inentregável, exigindo em seu lugar presença sem peso, sinal sem tempo, clareza sem espessura. Ora, *kavod* é, por definição, *o inentregável.* Não lhe cabe aparecer, e sim interromper a transparência. Dessa maneira, o que se perde e trai no fascio-sionismo não é apenas a fé, a lei ou o rito, mas o peso, quer dizer, aquilo que não pode ser portado nem traduzido, somente sustentado, filtrado e tocado por meio de membranas.

O corpo *possest* contra o fascio-sionismo

A essa altura do nosso percurso, parece evidente que, contra o fascismo e o sionismo que o reproduz enquanto tecnologia política de presença totalitária no seio do judaísmo, não se pode opor mitos de origem, pois não se trata de regressar à *arkhé*, como se fosse possível ou desejável uma restauração de qualquer pureza inaugural. O que retorna quando se reativa o filtro não é nenhum princípio perdido, mas a possibilidade renovada de diferenciar sem excluir, de aproximar sem destruir, de sustentar sem capturar; em outras palavras, o que volta não é a origem, e sim a condição de relação sem fechamento, a abertura de um acesso que não exige identidade, essência ou promessa.

O filtro, assim compreendido, não pertence ao passado nem à memória, sendo ao mesmo tempo estrutura operatória, condição ativa e configuração topológica. Ele não guarda o que é puro, e sim conserva o múltiplo. Em sua formulação mais radical, *etzem* não nomeia uma substância ou um centro metafísico, mas uma tensão sustentada, tratando-se de um operador de acessibilidade diferenciada em que o corpo não chega por direito ou herança, e sim por deslocamento, dobra e atraso. Seu retorno não implica limpeza ou restauração, somente reconfiguração do campo de contato, instaurando uma redistribuição rítmica da potência. Com efeito, o filtro não define o permitido. Ao contrário, suspende o imediato ao não organizar o mundo mediante a lógica da identidade, antes o sustentando por meio de vibrações rítmicas. O que o fascio-sionismo quer destruir não é apenas o corpo individualizado ou identitário, mas a membrana como condição de coexistência, ou seja, o próprio mecanismo de filtragem que possibilita a diferença. O filtro desaparece quando a trajetória se torna única, quando não há mais bifurcação, quando o acesso é transformado em comando e toda presença se torna compulsória, sem intervalo nem hesitação.

Dessa feita, reativar o filtro significa restaurar não a pureza, mas a diferença suspensa; não a essência, e sim a diferença enquanto dobra, defasagem, posição inacabada e presença inconclusa. Isso não implica tolerância ou inclusão no sentido liberal, exigindo algo bem mais intenso, quer dizer, estrutura e deslocamento. O filtro não resolve; difere. Não esclarece; retém.

Não corrige a fratura; a torna habitável. Longe de restaurar começos, restabelece o movimento. *Etzem* não é uma porta nem um guardião, e sim a dobra que possibilita chegada sem clausura, acesso sem captura. Abre o tempo, mas não o fixa, permitindo que o acesso se desdobre sem exigir submissão. Tal desdobramento não se encerra em identidades fixas, mantendo-se diferencialmente enquanto processo, vibração e campo relacional. Não lhe interessa formar um sujeito, e sim sustentar um contato, permitir que a demora estruture o espaço, deixar que a presença se realize sem simetria e que a aproximação não precise coincidir.

O que retorna, portanto, não é o corpo purificado, e sim reposicionado. Não se trata de uma variação do retorno do sagrado enquanto transcendência perdida, mas do retorno da proximidade sob a forma de evento que não é lei nem terra, apenas ritmo. O hebraísmo *an-árquico* nada tem a ver com presença limpa, chegada final ou vetor purificado. Ele fala de corpos que chegam, que se dobram, que falham no tempo calculado e que, ainda assim, se sustentam. A única resposta possível ao fascio-sionismo não está em uma nova teologia ou ontologia, mas em uma *contratopologia* do acesso, isto é, em uma maneira de pensar a relação sem recorrer à identidade, à pureza ou à lei. *Etzem*, nesse horizonte, não designa essência nem fundamento, tratando-se, ao contrário, de um operador rítmico de acessos diferenciados, membrana que não eterniza o início, só modula a chegada. Não ocupa o centro, preferindo deslocá-lo continuamente. O corpo que emerge desse regime não se opõe nem resiste segundo a lógica dialética, dado que não responde em linha reta ou "contraditoriamente". Sua defasagem não significa fracasso, e sim outra forma de aparecer: sem sinal de presença, sem vetor único. Emerge assim um corpo sem ato fixado, sem chegada esperada, sem marca legível, o qual não é exterior ao sistema, perturbando-o a partir de dentro por meio de sua não coincidência com ele.

Essa topologia nos permite compreender o fascio-sionismo não como simples ideologia ou forma estatal, mas enquanto colapso da bifurcação, já que ele não destrói o sagrado, e sim a possibilidade de diferir, eliminando a dobra ao impor o trajeto. Cabe aqui relembrar que no hebraísmo o acesso jamais foi linear. Nele a proximidade sempre foi mediada porque a diferença não é entendida sob a forma da ameaça. A impureza nunca foi erro, e sim condição estrutural, eis que permite a dobra, a suspensão, o toque que não consome, o contato que não captura. Desse modo, o que está em jogo na luta contra o fascio-sionismo não se radica em um gesto místico ou teológico, mas em um corte estratégico. Trata-se então de produzir uma crítica capaz de reconstituir o que foi apagado pela compulsão de clareza e presença total que hoje só pode ser desafiada por uma interrupção que proteja a relação, por um intervalo que sustente o contato e por uma hesitação que impeça o colapso.

Antagonizar o fascio-sionismo filtracionalmente significa resgatar o tempo como estrutura rítmica e o corpo enquanto zona de variação. Contra a idolatria compacta do fascio-sionismo – esse dispositivo que projeta ícones no lugar de filtragem, presença ao invés de tensão, sinal e nunca ritmo –, o hebraísmo *an-árquico* não propõe uma resistência frontal ou uma teologia restaurativa, e sim a figura de um corpo que, por estar constituído de outro modo, simplesmente não se alinha, dado que sua estrutura interna é feita de desvios e defasagens. Referimo-nos a um corpo que não chega quando é esperado, que não responde conforme o protocolo, que não entra em sincronia com o vetor projetado; um corpo que falha, que não emite o sinal adequado e, portanto, escapa não por subversão, mas por indiscernibilidade. Esse corpo, que chamamos de *possest*, não é um corpo possuído nem possuidor, mas aquele que habita uma forma gramatical inacabada, passiva, expectante, assíncrona; não se define por propriedades, mas por ritmicidades incapturáveis.

A forma latina *possest* é uma contração arcaica e poética de duas palavras - *potest* e *esse* - que literalmente significa "pode ser" ou "poderia ser". Ela resulta da junção do verbo *posse* (poder) com o verbo *esse* (ser), condensando assim em um único vocábulo a ideia de potência de ser, indicando algo que está em latência, em possibilidade. A palavra foi usada em latim clássico e depois retomada por filósofos e literatos para indicar um tipo de estado em que se vislumbra não o que já se é, mas o que se pode vir a ser, o que se sustenta enquanto potência e presença não atualizada. No contexto do hebraísmo *an-árquico*, o corpo *possest* é aquele que *pode ser* sem se fixar na forma-sujeito, sem se realizar enquanto plenitude, abrindo uma corporalidade biopotente, expectante e bifurcada que vibra nas margens entre o legível e o ilegível.

O corpo *possest* não se resume a um agente político no sentido clássico, não encarna um sujeito revolucionário ou uma consciência iluminada, operando antes como dobra topológica no campo do acesso para impedir a coincidência com os tempos hegemônicos, não se sincronizando, portanto, com as exigências do sistema. É justamente essa falha sincrônica que o torna insuportável para o fascismo, que exige presença plena, sinal inequívoco, resposta imediata e alinhamento integral. Ora, o corpo *possest* não está fora do sistema; está dentro, mas em atraso. Não é exterior, apenas intraduzível. Não é ilegítimo, e sim ilegível. Sua existência desafia a lógica exceptiva da exclusão inclusiva porque perturba o vetor do tempo normativo sem necessariamente se colocar contra ele, já que dobra o espaço, retarda o ritmo e suspende a leitura. Sua estratégia não consiste em confrontar a presença, mas em dobrá-la. Ele não rejeita a relação, preferindo torná-la disfuncional aos sistemas que exigem clareza, continuidade e identidade.

Dizer que esse corpo não pode ser purificado significa reconhecer que a impureza não é erro ou falha, e sim condição estrutural da presença relacional, já que só o impuro exige a filtragem que sustenta a diferença e retarda o colapso do acesso. Nessa perspectiva, o corpo *possest* não encarna uma negatividade, mas uma forma alternativa de vibrar enquanto presença sem vetor, chegada sem destino, tensão sem imagem. Ele não se rebela; desvia. Não nega; falha em aparecer conforme planejado. E é justamente nesse fracasso de legibilidade que reside a sua potência.

Possest repõe a possibilidade de uma relação que não exige identidade, limpeza nem origem, sustentando a proximidade como evento, não essência ou trajeto determinado. Reconhece-se assim que *etzem*, o operador da diferença filtrada, não retorna em forma substancial, mas enquanto persistência da dobra, insistência do atraso e topologia do não-total. Contra a trajetória única, põe-se a bifurcação. Contra a clareza, o peso. Contra o comando, a hesitação. Contra a presença forçada, o ritmo que escapa. O corpo *possest* não pode ser redimido porque ele jamais foi corrompido. Ele não retorna, dado que nunca partiu. Ele está aqui – em suspensão. Vibrando fora de fase. Existindo sem coincidir. Persistindo como aquilo que não se purifica porque não foi feito para ser lido.

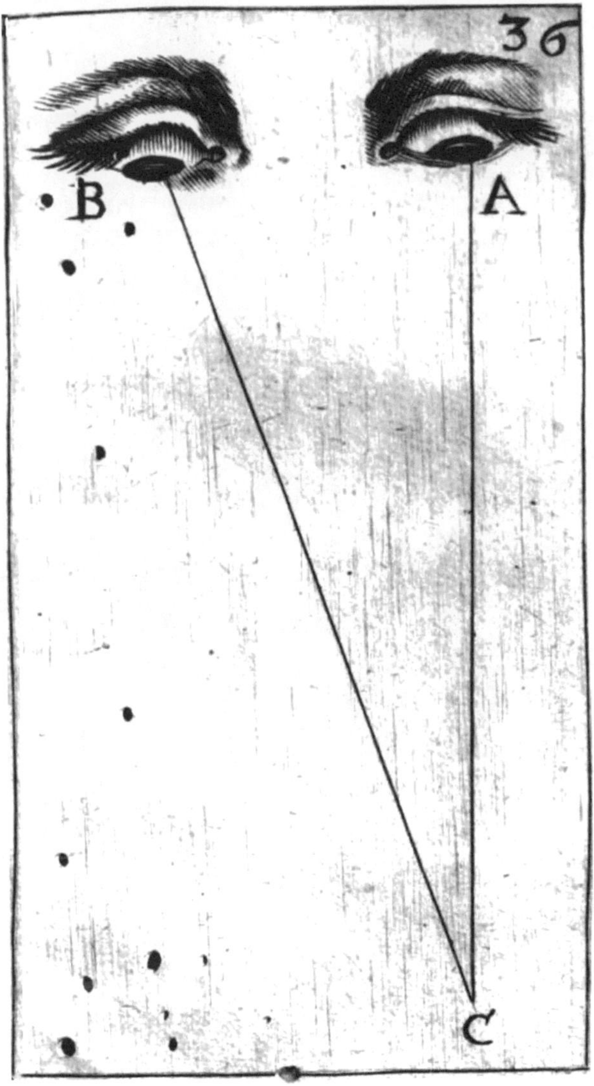
36
B
A
C

PORTAE LVCIS
Hęc est porta Tetragrāmaton iusti intrabūt p eam.
כתר
בינה
חכמה
גבורה
גדולה
תפארת
הוד
נצח
יסוד
מלכות

הַלֹּא־עָם הַבָּא

O NÃO-POVO QUE VEM

Em seu *Tratado teológico-político*, publicado em 1670 – um livro que, segundo seus detratores, teria sido forjado no inferno (Nadler, 2013) –, Spinoza afirma que a chamada teocracia judaica não era incompatível com a democracia, tratando-se antes de uma de suas possibilidades mais legítimas. Com efeito, essa forma de governo derivaria de um pacto direto dos judeus com Deus, não admitindo intermediários nem representantes. A diferença em relação ao modelo teológico-político de Thomas Hobbes e Carl Schmitt é claríssima, pois ao contrário destes, que teorizam a necessidade de o Estado representar Deus na terra – seja enquanto Deus mortal (Hobbes), seja funcionalmente (Schmitt) –, Spinoza ensina que na gênese do Estado teocrático judeu "os hebreus decidiram não transferir a nenhum homem o próprio direito, mas apenas a Deus" (2021, p. 1039). Interpretando tais ideias de Spinoza, a autora italiana Donatella di Cesare diferencia teocracia e hierocracia, o governo dos sacerdotes, sendo a teocracia spinoziana identificada com o governo direto e imediato de Deus, o qual, no plano político concreto, se efetiva sob a forma da anarquia, já que nenhum poder político humano pode ser considerado legítimo diante da soberania direta de Deus, que surge sob a forma de democracia absoluta (2014, p. 82).

Podemos perceber então que, ao contrário do que quase todos os teóricos políticos afirmam, teocracia e democracia não são conceitos autoexcludentes no hebraísmo *an-árquico*. Todavia, para entender essa paradoxal relação, que é também uma topologia, precisamos abandonar a ideia segundo a qual os judeus são o povo escolhido, tratando-se antes de um não-povo, uma espécie de vanguarda vibracional que nada tem a ver com o universalismo abstrato dos que nele veem, a exemplo de Badiou (1997) e de sua equivocada leitura de Paulo, um tipo de prefiguração do universalismo ocidental. Ninguém explica isso melhor do que o filósofo judeu austríaco Jacob Taubes, figura fascinante que escreveu pouco e morreu ditando um último, confuso e genial seminário intitulado *A teologia política de Paulo*.

Segundo Taubes, o núcleo secreto que liga teologia e política reside no poder, de maneira que somente com a inversão de seu princípio universal que separa governantes e governados será possível superar a teologia política schmittiana centrada na ideia de soberania. Antes dessa inversão, que Taubes lê como o advento da *parousía* e o cumprimento da lei por meio de sua desativação, permanece não apenas legítima, mas necessária a crítica ao elemento teológico incrustado na política (1996, p. 258). O final de uma carta em que Taubes faz um ambíguo elogio a Schmitt – missiva que, de resto, foi copiada e vaidosamente distribuída por este último a seus admiradores –, indica a existência de relações humanas que sobrepujam e superam a lei, cumprindo-a, de certa forma. Tais relações diriam respeito ao amor, à misericórdia e ao perdão, entendidos em sentido "real" e não "sentimental" (Taubes, 2007, p. 178). Nessa perspectiva, os trabalhos de Taubes, além de serem um saudável antídoto à teologia política contrarrevolucionária de Carl Schmitt, demonstrando que há outros modos de se refletir teológico-politicamente, oferecem pistas para a construção de um pensar messiânico comprometido com a superação do poder separado, hierarquizado e encriptado sob a forma de *potestas*.

Para estruturar sua particularíssima teologia política, Taubes reconstrói a figura de Paulo de Tarso não nos termos clássicos dos que nele veem um apóstolo do universalismo cristão em luta contra o exclusivismo judaico. Ao contrário, o Paulo de Taubes é um feroz crítico do universalismo característico do Império Romano. Pregando sobre a vacuidade de todo poder humano, Paulo afirma que o poder residiria unicamente em Deus, sendo ilegítimas as tentativas de fundar a política secular na esfera teocrática, pois ela está afastada deste mundo. Para Taubes, a crítica de Paulo ao poder secular não equivale a uma negação do mundo em si, mas a uma rejeição de qualquer poder terreno que busque substituir a autoridade divina, especialmente quando tenta se afirmar por meio da lei ou das formas institucionalizadas de soberania.

Nesse mesmo horizonte, em sua Tese de Doutorado de 1947, intitulada *Escatologia ocidental*, o único trabalho de fôlego publicado por Taubes em vida, ele apresenta o povo judeu de que fala Paulo como um não-povo que evoca um lugar ausente de soberania e território, encarnando o símbolo de um tipo diferente de universal. Na visão de Taubes, os judeus antecipam um tipo radicalmente diverso de povo que transcende as concepções tradicionais de identidade nacional ou religiosa. Assim, ao invés de ser uma seita primitiva ou exclusivista fundada por uma aliança com *Javeh*, o judaísmo se mostra como uma figura autonegadora que desafia todas as formas de poder heterônomo ou imposto externamente. Segundo Taubes, essa posição não se limita a uma rejeição da identidade, equivalendo também a uma crítica à soberania, ao território e às estruturas que os definem. É interessante notar que a ideia de não-povo (-לֹא עָם-) aparece, ainda que negativamente, na própria Bíblia hebraica, *v.g.*, em *Deuteronômio* 32:21, indicando um povo sem identidade constituída e sem legitimidade teológica ou política.

Em outras palavras, o povo judeu de Paulo-Taubes se revela em um movimento que nega a política institucional e as hierarquias religiosas, apontando, em vez disso, para uma forma-de-vida que só pode existir fora das estruturas convencionais de poder e autoridade. Essa interpretação enfatiza uma descontinuidade radical com os modelos tradicionais de organização política e religiosa, abrindo espaço para uma comunidade que existe em tensão com as estruturas da soberania, da lei e da dominação. De acordo com Taubes, tal forma-de-vida radical incorpora um potencial messiânico em que o verdadeiro cumprimento da promessa aos judeus não está no estabelecimento de um Estado soberano ou em um poder territorial, mas na transformação do próprio tempo, abrindo caminho para uma nova ordem que transcende o atual mundo centrado no poder mundano.

Neste ponto se impõe uma leitura do tempo messiânico enquanto zona de indistinção entre o "tempo do fim" e o "fim do tempo", tal como exposto por Agamben no importante livro *O tempo que resta*. Na exposição do filósofo italiano, o tempo messiânico não se refere simplesmente a um evento linear e futuro, mas a uma ruptura da própria ordem temporal, constituindo um instante kairótico em que os limites entre história/eternidade e temporal/atemporal se confundem. Emerge assim uma dimensão de *resto* em que o "fim" não é uma conclusão, e sim uma potencial abertura em direção a transformações radicais. De fato, a ideia de tempo messiânico desafia a compreensão convencional de temporalidade enquanto progressão contínua em direção a um fim predeterminado, possibilitando novos modos de existência e diferentes tipos de organização política. A interpretação agambeniana do tempo messiânico enfatiza a tensão entre o fim de uma época histórica e a chegada de algo radicalmente novo, sendo uma contribuição crucial para a compreensão das implicações teológico-políticas do messianismo, tema importantíssimo para Taubes.

Taubes (1947) conclui que os judeus correspondem ao elemento inquieto da história universal, pois ao contrário das outras civilizações, que se orientam pelo espaço e pela terra, sendo um povo sem Estado e sem território - ao menos na época referida por Taubes –, os judeus se ligam ao tempo, de modo que a promessa de que se nutrem somente se efetivará com o cumprimento do evento messiânico capaz de abrir uma nova maneira de experimentar a temporalidade. Para Taubes, a ruptura messiânica não se resume a um conceito teológico, tratando-se também de um profundo gesto político que desafia as estruturas da soberania territorial, apontando para uma transformação radical da história humana.

O conceito de não-povo de Taubes se aproxima do que os filósofos Michael Hardt e Antonio Negri chamam de multidão (2004), dado que ambas as formações envolvem um índice político de revolta diante do Uno soberano, ainda que, obviamente, sejam ideias diversas e surgidas em tradições muito distintas. Contudo, para além das especificidades de cada conceito, tanto o não-povo quanto a multidão exigem uma resoluta negação do vínculo transcendente que fundamenta e possibilita o poder político soberano. Com efeito, não é à toa que Taubes afirmou em uma discussão com Herbert Marcuse e outros acadêmicos que a possibilidade de uma sociedade livre se põe hoje sob formas que se mostram: 1) mais na fratura do que na continuidade; 2) mais na negação do que na afirmação, no reformismo; 3) mais na diferença do que no progresso (1980, p. 87-88). Conforme podemos perceber, essas três características remetem ao não-povo pensado por Taubes com base na experiência histórica dos judeus antes de serem sobrecodificados enquanto Povo soberano no contexto do fascio-sionismo.

A partir do surgimento do Estado de Israel e especialmente hoje, graças ao aprofundamento de suas tendências genocidas reveladas na vontade de extermínio dos palestinos, o elemento exceptivo e soberano da terra apagou a dimensão contingente e infinita do tempo que antes caracterizava o judeu enquanto não-povo. Assim, o não-povo judeu acabou simulado e reconfigurado sob a forma de uma grotesca versão racista e soberana que massacra não apenas o seu "inimigo" palestino, mas também a si próprio, dado que, ao se tornar sionista, o judeu se autodestrói, como há muito já notara lucidamente Max Horkheimer. Conforme demonstrado por Neubauer (2012), Horkheimer se manifestou duramente sobre o sionismo em várias oportunidades. Por exemplo:

> A criação do Estado de Israel, que se concretizou devido à perseguição e com o propósito de resgatar indivíduos judeus, é o símbolo da crise atual do judaísmo. No entanto, essa crise aponta para o fim da "realidade espiritual" do judaísmo. Trata-se de uma dialética fatal, e mesmo assim característica de nossa época (Horkheimer, 1985-1996 [18], p. 643).
>
> O povo judeu nunca foi nacionalista de forma alguma, ele sofria em nome de toda a humanidade. Israel, ao contrário, é um Estado-nação, estruturado em sua base como todos os outros. Assim, o pensamento messiânico original teve que desaparecer em nome da existência nacional (1985-1996 [14], p. 326).

> O que quer que aconteça com Eichmann em Israel demonstra a falta de poder – e não o poder – dos judeus, que agora são autoconscientes e conscientes de seus direitos. Demonstra a pretensão de autoridade, e não o exercício legítimo de autoridade por parte do Estado de Israel. Todos sabem que as afetações totalitárias de Israel, que remetem a Benito e aos russos, foram toleradas desta vez apenas em razão de Nova York (1985-1996 [6], p. 348).

Aqui se revela, à luz de Horkheimer e Goldberg, que a tragédia do sionismo não é apenas política ou militar, mas ontológica, dado que o Nome que modulava a presença sem fixação acabou sendo substituído por um Estado que exige território, pureza e soberania. Com o nascimento de Israel em 1948, a lógica da exceção substituiu a do adiamento, convertendo a presença modulada em ocupação. Nesse sentido, o Estado de Israel não realiza o judaísmo, mas o neutraliza, surgindo enquanto figura teopolítica da fixação e colapsando o pacto em contrato soberano. Em Israel a dobra se transforma em muro, a latência vira centralização e a impureza, antes percebida enquanto necessário risco sistêmico, se torna pureza dogmática. O fascio-sionismo surge então não como distorção externa do hebraísmo, e sim como sua captura interna.

Na contramão da tradição soberana schmittiana – a qual, diga-se de passagem, se aplica perfeitamente ao fascio-sionismo – e levando ao extremo algumas intuições benjaminianas, Taubes indica a necessidade de se pensar uma teologia política cujo movimento se dê de baixo para cima, pois é a comunidade – originalmente a judaica e, depois de Paulo, toda a humanidade – e não o governante a verdadeira depositária da aliança efetivada com Deus. Wolf-Daniel Hartwich, Aleida Assmann e Jan Assmann entendem que Taubes, de modo muito diferente de Schmitt, conclui que não há qualquer ordem política que seja por si mesma legítima – somente a ordem transcendente de Deus pode sê-la –, possibilitando assim uma "teologia política negativa". Mais ainda: por se centrar em uma concepção horizontalizada, a teologia política de Taubes se opõe ponto por ponto à de Schmitt, que pretende pensar – sempre a partir de uma perspectiva vertical – não a sociedade, e sim o poder. Dessa maneira, a teologia política de Taubes seria de inspiração "sociológica", enquanto a de Schmitt é "cratológica" (Assmann *et al.*, 2007, p. 151).

Nesse contexto, Taubes rejeita a possibilidade de se legitimar o governo deste mundo, algo inaceitável a partir de um ponto de vista teológico-político negativo. Tendo em vista a experiência ancestral dos judeus, que desde 586 a.C. não tinham um Estado, Taubes pensa a comunidade de Deus de modo horizontal e liberada de todo governo, dado que nenhuma instituição humana pode representar o Messias e, portanto, não pode ser legitimada por ele. Construções similares às de Taubes e às de Spinoza concebem o poder político em sua irredutível imanência, mesclando a sociedade humana ao reino de Deus em um tempo-de-agora (*Jetztgeist*) no qual a democracia surge absoluta.

É em concepções assim radicais que a *kabbalah* encontra a sua feição política, dado que nela a junção das topologias humanas e divinas se deve, em grande medida, ao fato de os livros e ideias cabalistas pouco ou nada tratarem de elementos pessoais, proprietários e subjetivos, já que nela cada indivíduo corresponde à totalidade, tornando a lei da *Torah* "um símbolo da lei cósmica, e a história do povo judeu, um símbolo do processo cósmico" (Scholem, 1988, p. 9). Ao menos a partir das leituras luriânicas, a *kabbalah* deixou de ser uma doutrina esotérica para se tornar saber popular, de modo que o conhecimento de que trata não pertence exclusivamente ao cabalista ou a um seleto grupo de eleitos, mas a toda humanidade, ou melhor, a todos os viventes, a todo o real. Verifica-se, dessa maneira, a inversão das prioridades do poder prenunciada por Taubes e que pode ser ilustrada pela legendária história da letra *aleph*, que Borges usou em 1949 para evocar aquele ponto total que, modestamente escondido em um sótão da *calle* Garay de Buenos Aires, contém em si todos os lugares do mundo.

A própria forma do *aleph* – א – parece indicar uma totalidade dinâmica e contraditória ao expressar duas tendências polares, estando os *yud* superiores e inferiores ao mesmo tempo juntos e separados graças ao *vav*, estrutura mediadora que se lhes interpõe. Para muitos cabalistas, o *aleph* simboliza o paradoxo mesmo, traduzido enquanto selo divino posto no humano, ou seja, o infinito que se mostra no finito, herança que nos divide entre nossa fome de eternidade e a frágil condição mortal. Talvez por isso o *aleph* seja a letra que, aparentemente mais abandonada e sozinha do que as demais, seja a mais amada por Deus. Com efeito, na introdução do *Zohar* narra-se a batalha das vinte e duas letras sagradas do alfabeto hebraico, que lutavam entre si pela honra de ser a primeira da série que é Deus e seu universo. Saúl Sosnowski recolhe uma tradição rabínica segundo a qual o *aleph*, a primeira letra do alfabeto, reclama diante do Senhor porque todas as outras têm forma plural, sendo só ela singular, já que seu valor numérico é um. Deus responde: "Não temas, porque tu as encabeças como um rei (estás por sobre elas); tu és una e Eu Sou Uno e a Torá é una" (1991, p. 68). Por ser sem plural - sem igual, (des)fundante –, o *aleph* representa a unidade divina de Si e em Si, expressando o *Ayin Sof*, a absoluta plenitude do Nada, da *an-arkhé* que é Deus.

Dessa forma, a multiplicidade no hebraísmo é um dado constitutivo constantemente disputado. Talvez por isso se diga "hebreus" sempre no plural, indicando assim, de maneira sutil, que o hebreu não se resume a uma identidade ou a um povo, relacionando-se antes a um fluxo que se recusa a ser nomeado. De maneira semelhante, não se escreve em hebraico como se escreve em outras línguas; escreve-se sempre *a partir* do hebraico, desde uma zona de suspensão e de retração em que o dizer já não organiza significados. Não se trata de herança, cultura ou sacralidade, mas de uma operação que filtra o que não se cumpre nem se fecha.

O fascio-sionismo exige nomes, e quanto mais "judeus", melhor, como se a origem conferisse direito à palavra e o fato de ser judeu garantisse uma substância transmissível, um selo, uma assinatura válida. Ao contrário, o hebraísmo *an-árquico* demonstra que não se assina nem se ratificada nada. O que se faz é abrir fissuras naquilo que se convencionou chamar de pertencimento. Sequência (*retzéf*, רֶצֶף), suspensão (*hashhayá*, הַשְׁהָיָה) e ausência (*he' edér*, הֶעְדֵּר) não são conceitos nem tradições. Não pertencem à religião nem à linguagem, sendo antes forças que as atravessam, tensores de interrupção que não oferecem lugar fixo, e sim deslocam, quebram, suspendem.

Não se representa, não se fala "como judeu" nem "em nome dos judeus". O que se *pode* fazer é deixar vibrar aquilo que não pertence. Não se invoca Deus. Não se conhece Seu Nome. O que se experimenta é a ausência, o silêncio, o estiramento no ar de algo que escapa à nomeação. Nada resta. Nenhum nome permanece. Nenhuma língua se guarda. Sem-Fim é apenas a vibração daquilo que nunca pertenceu.

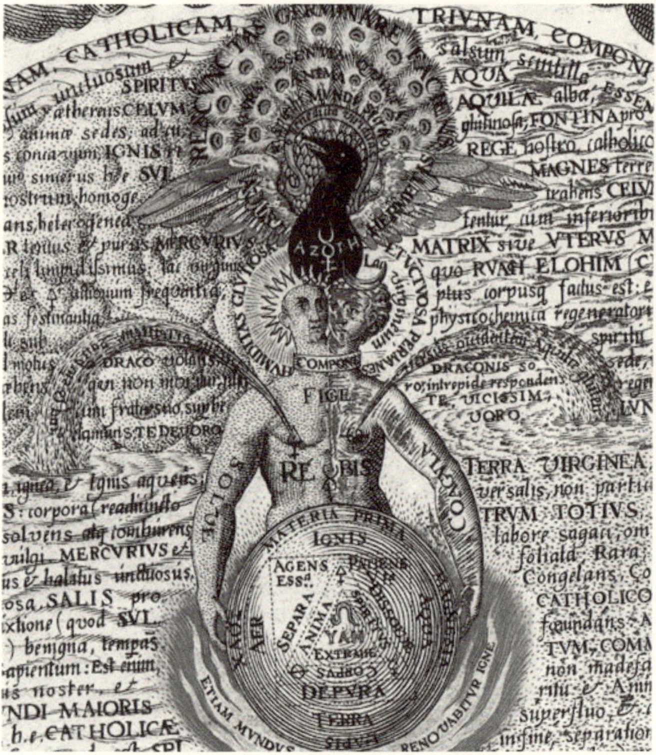
CATHOLICAM
TRIVNAM
SPIRITVS
AQVA
AQVILÆ alba
REGE nostro
MAGNES
MERCVRIVS
MATRIX siue VTERVS
AZOTH
COMPONE
FIGE
REBIS
TERRA VIRGINEA
MATERIA PRIMA
IGNIS
AGENS
PATIENS
SEPARA
ANIMA
AER
AQVA
DEPVRA
TERRA
ETIAM MVNDVS
RENOVABITVR IGNE
CATHOLICO

סיום: כְּרוּבִים

CODA: QUERUBINS

Os problemas filosóficos se dão quando a linguagem sai de férias, reza a famosa *boutade* de Wittgenstein. Mais exato seria dizer que os problemas filosóficos só se resolvem no *shabbath*, no descanso do dizer criador de Deus que, se não for despressurizado, corre o risco de se tornar mera conversa fiada, o falatório a que se refere Heidegger em *Ser e tempo*. No *shabbath* já não há linguagem propriamente dita, mas a simples nomeação de um Deus ausente que, sem essa inoperação, seria esmagador. Talvez por isso Dante tenha intuído no *De vulgari eloquentia* que os nomes são a sombra da gramática, a sua dimensão tenebrosa na qual se pode deitar e descansar.

A linguagem inteira, e não apenas algumas palavras, é o nome de Deus, de modo que a *Torah* se confunde com o universo em que se dá não uma substância, e sim um processo que (des)converte o discurso (*parole*) em Nome supremo da potência (*langue*) e vice-versa. Assim, toda revelação não é mais do que a revelação do Nome de Deus, que funciona enquanto limiar entre a teologia e a linguística, fazendo ambas passearem uma pela outra e, literalmente, declinarem, caírem juntas e se neutralizarem, impedindo que se tornem dogmas. Toda onomatologia se converte sem cessar em teologia e vice-versa. O que resta desse processo não é uma linguagem, um nome ou um Deus, mas o fluxo que os torna indiscerníveis e, portanto, impronunciáveis.

É neste ponto que se põe um dos mais complexos problemas da linguística, que apenas teologicamente pode ser resolvido – ou seja, abandonado –, dizendo respeito ao *lugar da língua*. De fato, onde está a língua? É evidente que não nos dicionários ou na cabeça de seus falantes. Talvez esteja em sua impronunciabilidade (auto)(des)constitutiva, em seu Nada de fundamento. Eis porque, no limite, não se diz Deus, uma palavra ou uma língua, pois tais dimensões são somente experimentadas. A mais alta linguagem não é aquela técnica, que pode ser compreendida, mas uma *outra*, ao mesmo tempo divina e gramatical, que só se pode experimentar.

"Deus saboreia-se", disse Mestre Eckhart, o que não significa apenas que Deus saboreia a si próprio – o que, sem dúvida, também acontece –, e sim que Deus é *algo* saboreado por um indefinido sujeito passivante. Esse *algo* constitui ao mesmo tempo o tudo e o nada que tornam possível essa massa de ar nadificante que, saindo de nossas bocas, constrói e destrói mundos. Trata-se de *Ayin*, que na *kabbalah* luriânica designa o estado anterior à emanação da qual tudo procede, o "não-Ser" que antecede qualquer possibilidade de memória ou linguagem, o oculto que condensa a ideia de um fim que retorna ao princípio inominável, à fonte silenciosa da criação onde ainda não existem memória, forma e distinção: *ha-Ayin ha-ne'elam*. Esse imemorável corresponde àquilo que possibilita a linguagem, pois para falar precisamos nos esquecer de que estamos falando e simplesmente falarmos, temos que nos esquecer que as palavras e as frases que usamos não têm nenhum sentido intrínseco, natural ou substancial, sendo apenas signos feitos de nada, convenções mutáveis, porções de ar que se dispersam tão logo são pronunciadas. Conforme o *Zohar* (I, 3b): "A voz que não se escuta quebra o Nome" (קוֹל שֶׁאֵינוֹ נִשְׁמָע מְשַׁבֵּר אֶת הַשֵּׁם, "*kol she'eino nishmá meshaber et hashem*").

Assim, quando esquecemos uma palavra e experimentamos a angustiosa, mas ao mesmo tempo excitante, quase erótica sensação de tê-la na ponta da língua, não se dá, como quer Roman Jakobson, um significado com significante zero. A situação isomorficamente inversa seria a de um significante com significado zero, quando criamos uma palavra que não pertence ao léxico de uma língua, a exemplo do *odradek* de Kafka ou do *mass-klo* de Hurbinek, a criança que Primo Levi encontrou em Auschwitz e que ele erroneamente pensava que não sabia falar. Quando olvidamos uma palavra – ensina Agamben em uma recente palestra intitulada *O que é um nome: a língua dividida* –, tornam-se insustentáveis os conceitos ficcionais de "significante" e "significado" que ainda hoje mantêm a linguística encurralada em um beco sem saída. Em vez disso, estamos diante de um evento de linguagem, o que significa que somos confrontados com a única situação em que deixamos propriamente de falar e nos damos conta da existência de algo como uma linguagem feita de palavras, que é aquilo que nos falta naquele preciso instante do esquecimento, estando assim presente na modalidade da ausência. Exatamente como Deus.

Da mesma maneira que parece necessário esquecer que a palavra faz sentido para que ela, de fato, faça sentido, tornando-a assim imemorável, precisamos esquecer que a filosofia é um problema da linguagem, com o que se abre a possibilidade de antever que a linguagem constitui a solução para o problema chamado de "realidade". Contudo, não para acessá-la enquanto plano liso e sem atrito, antes compreendendo-a mediante uma topologia da escuta (שְׁמַע). Nela o gesto que conta não está na ordem grega "veja!" nem na injunção cartesiana "pense!", mas em *sh'ma* (שְׁמַע), "ouve". Não se trata de um chamado à obediência, e sim de uma calibragem, um ajuste do aparelho perceptivo a *zazua* (זַזוּעַ), vibração (des)fundamental que aponta para a totalidade não totalizante de um Nome que jamais é próprio, apenas ruído de fundo da realidade, perturbação permanente que impede o ser de se congelar sob a forma da substância. Ouvir significa então ressoar com essa instabilidade. Falar, por outro lado, equivale a produzir perturbações nesse murmúrio.

Sh'ma nos convida a ouvir que o Nome é Um (*echad*, אֶחָד). Não se trata, porém, do Um do monoteísmo que anula a multiplicidade, mas do Um da *kabbalah*, ou seja, sustentação em tensão de uma multiplicidade irreconciliável. *Echad* é uma unidade que surge por colisão e, nesse sentido, não pode ser numerada nem está antes ou no princípio do que quer que seja. *Echad* não diz: "tudo é o mesmo", mas: "tudo se mantém junto em um estado de guerra permanente que é paz". Por isso, o simulacro – a palavra falada – pode sempre se (re)transformar no Nome supremo da potência. Eis a mecânica de *echad*: decomposição em simulacros (*shevirah*) e sua contínua reunificação vibracional.

Sentimos que a linguagem não descreve o mundo; ela o fere, rasga, introduz nele *peretz*, fenda pela qual qualquer coisa pode se dar. Entretanto, esse acesso ao limiar não é livre, estando guardado pelos *keruvim* (כְּרוּבִים). Criaturas que não são simples anjos, mas operadores topológicos, os querubins são figuras de *zar*, ou seja, daquilo que é topologicamente inassimilável, a exemplo do *odradek* de Kafka e do Hurbinek de Levi, seres do fim da língua que a protegem. Não se pode compreendê-los. Pode-se apenas escutar sua mudez, sua não-comunicação semelhante a uma espada giratória que repele toda tentativa de passar semanticamente para o outro lado, bloqueando o caminho para o sentido fácil e nos obrigando a permanecer no limiar, no estado puro de *sh'ma*, escuta do ruído de que são feitos. É desse modo que os querubins protegem o vazio *an-árquico* do Trono.

O que o mortal experimenta nesse limiar? Já o dissemos: agonia, mas também a sensação quase erótica de ter *isto* na ponta da língua. Trata-se da experiência de *kavod*, que não ilumina nem glorifica a língua, e sim a faz pesar, com o que se pode perceber que a linguagem falha não porque seja imperfeita, mas porque sua função suprema é defasar, conduzir ao limiar onde termina a fala e começa a escuta. Essa volúpia sofredora se revela enquanto tensão entre a boca e o ouvido. A boca quer encerrar o Nome no som, mas *kavod* é pesado demais. O ouvido, por outro lado, mostra-se capaz de recebê-lo enquanto vibração, ou seja, um (não)estado que oscila entre o Ser e o Nada. Eis a lição final dos querubins: o objetivo da linguagem não é dizer a verdade, mas produzir o silêncio no qual, enfim, se pode ouvir.

סָלֶעֶנֶה וָיאַה

Ha-Ayin ha-Ne'elam

הָלִפְת / רֶבֶּש / וָיֵאָה תָרִיפְס

א. לָשׁוֹן אַיִן

עברית — לֹא שָׂפָה.
לֹא שֶׁהִיא נֶאֱמֶרֶת, אֶלָּא שֶׁהִיא חוֹצָה.
לֹא שֶׁהִיא מְסַפֶּרֶת, אֶלָּא שֶׁהִיא מְעַקֶּמֶת.
הִיא לֹא מוֹסֶרֶת, לֹא מִתְקַשֶּׁרֶת.
הִיא מְסַנֶּנֶת. מְשַׁבֶּשֶׁת. מַפְעִילָה.
הִיא לֹא מְדַבֶּרֶת. הִיא לֹא נוֹשְׂאִים שֵׁם.
הִיא סְפִירַת הַשֶּׁקֶט.
"הַכְּתִיבָה לֹא מְשַׁקֶּפֶת אֶת הָעוֹלָם — הִיא מִתְנַגֶּדֶת לוֹ."
— אוסקר גולדברג

ב. קַבָּלָה שֶׁל שֶׁבֶר

הַקַּבָּלָה אֵינָהּ מָסוֹרֶת.
הִיא לֹא תּוֹרָה. לֹא מַסְרוֹן.
אֶלָּא שֶׁבֶר שֶׁל גִּשָּׁה.
שֶׁקֶט שֶׁל חֲסַר אִישׁוּת.
הַסְּפִירוֹת – לֹא תְּכוּנוֹת.
אֶלָּא רֶשֶׁת שֶׁל חֲסַר תְּחוּם
שֶׁל דְּחִיּוּת.
הִיא לֹא נוֹגַעַת בְּאֱ-לוֹהִים. הִיא מְעַקֶּמֶת אוֹתוֹ.

ג. תְּפִלָּה שֶׁאֵינָהּ מִתְפַּלֶּלֶת

הֶעְדֵּר
שֶׁקֶט
קוֹל שֶׁאֵינוֹ נִשְׁמָע
אוֹת בְּלִי שֵׁם
שֵׁם בְּלִי קוֹל
אֵין חֲתִימָה
אֵין הַבְטָחָה
נְפִילָה מִבֵּין הָאוֹתִיּוֹת
חָלָל שֶׁלֹּא נִפְתָּר
צְלִיל שֶׁאֵינוֹ חוֹזֵר
שֶׁקֶט הַמַּרְחִיק
אוֹר שֶׁנִּשְׁאַר בַּקְּלִפָּה
לֹא מְדַבְּרִים
לֹא נוֹשְׂאִים שֵׁם
לֹא זוֹכְרִים לָשׁוֹן
רַק הִבְהוּב שֶׁל מַה שֶּׁלֹּא הָיָה שַׁיָּךְ

ירידה ועליה ועליה וירידה מד' קנים וי"ד גבולי אלכסונים וזה ביאור הנו"ן שהיא המסכה בליודין לחכמה חשבונה המנוים וכשיורד בחכמה עושה ק' וכשיורד בבינה עושה ק"ן וכענין זה בחוזרין ג"כ אחר ובעליתם פעם אחרת ק"ן שלישית · ובירידתן פעם אחרת ק"ן ג"כ רביעית והם הארבעה קנים העולים מן : ונקה לא ינקה ועתה יתבאר פירושו :

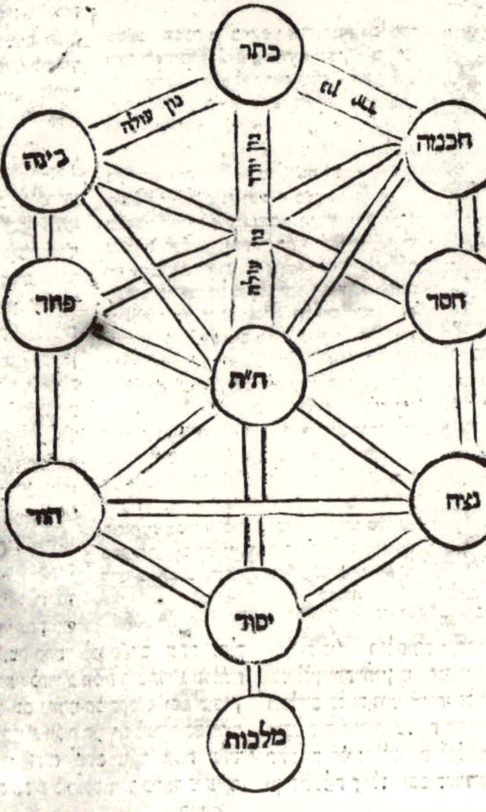

Referências

Agamben, Giorgio. 1977. *Stanze: la parola e il fantasma nella cultura occidentale*. Torino: Einaudi.

Agamben, Giorgio. 1982. *Il linguaggio e la morte: un seminario sul luogo della negatività*. Torino: Einaudi.

Agamben, Giorgio. 1993. *Bartleby: la formula della creazione*. Macerata: Quodlibet.

Agamben, Giorgio. 2000. *Il tempo che resta: un commento alla «Lettera ai romani»*. Torino: Bollati Boringhieri.

Agamben, Giorgio. 2014. *L'uso dei corpi*. Vicenza: Neri Pozza.

Agamben, Giorgio. 2024. *Che cos'è un nome: la lingua divisa*. Istituto Nazionale di Studi sul Rinascimento. 15 mai. 2024. Disponível em: <https://www.youtube.com/watch?v=oZpvIP4_f1o&ab_channel=IstitutoNazionalediStudisulRinascimento>.

Alighieri, Dante. 1979. *De vulgari eloquentia*. Ed. Pier Vincenzo Mengaldo. Milano: Mondadori.

Arendt, Hannah *et al.* 1948. *Carta aos editores do* The New York Times. Disponível em: <https://www.marxists.org/portugues/einstein/1948/12/02.htm>.

Arendt, Hannah. 1951. *The origins of totalitarianism*. New York: Schocken.

Arendt, Hannah. 1963. *Eichmann in Jerusalem: a report on the banality of evil*. New York: Viking.

Assmann, Aleida; Assmann, Jan; Hartwich, Wolf-Daniel. 2007. Epílogo. In: Taubes, Jacob. *La teología política de Pablo*. Trad. Miguel García-Baró López. Madrid: Trotta, pp. 123-153.

Badiou, Alain. 1997. *Saint Paul: la fondation de l'universalisme*. Paris: Presses Universitaires de France.

Benjamin, Walter. 1991. *Gesammelte Schriften*. Ed. Hermann Schweppenhäuser, Rolf Tiedemann e Tillman Rexroth. Frankfurt am Main: Suhrkamp.

Biale, David. 1985. Gershom Scholem's ten unhistorical aphorisms on kabbalah: text and commentary. *Modern Judaism*, v. 5, n. 1, pp. 67-93.

Borges, Jorge Luis. 1949. *El Aleph*. Buenos Aires: Losada.

Borges, Jorge Luis. 1964. *El otro, el mismo*. Buenos Aires: Emecé.

Cesare, Donatella di. 2014. *Israele: terra, ritorno, anarchia*. Torino: Bollati Boringhieri.

Deleuze, Gilles. 1968. *Différence et répétition*. Paris: Presses Universitaires de France.

Deleuze, Gilles. 1969. *Logique du sens*. Paris: Les Éditions de Minuit.

Deleuze, Gilles. 1985. Les plages d'immanence. In: Cazenave, Annie; Lyotard, Jean-François (eds.). *L'art des confins: mélanges offerts à Maurice de Gandillac*. Paris: Presses Universitaires de France, pp. 79-81.

Deleuze, Gilles. 1993. Pour en finir avec le jugement. In: *Critique et clinique*. Paris: Les Éditions de Minuit, pp. 158-169.

Deleuze, Gilles. 2003. L'immanence: une vie... In: *Deux régimes de fous*. Paris: Minuit, pp. 359-363.

Enaudeau, Corinne. 1989. *La paradoja de la representación*. Trad. Jorge Piatigorsky. Buenos Aires: Paidós.

Goldberg, Oskar. 1925. *Die Wirklichkeit der Hebräer*. Hamburg: Hanseatische.

Hardt, Michael; Negri, Antonio. 2004. *Multitude: war and democracy in the age of empire*. New York: Penguin.

Hegel, Georg Wilhelm Friedrich. 1976. *Frühe Schriften*. Ed. Eva Moldenhauer e Karl Markus Michel. Frankfurt am Main: Suhrkamp.

Heidegger, Martin. 1927. *Sein und Zeit*. Halle: Max Niemeyer.

Heidegger, Martin. 2008. *Nietzsche*. Vols. I e II. Stuttgart: Klett-Cotta.

Herrera, Abraham Cohen de. 2010. *La porta del cielo*. Trad. Giuseppa Saccaro del Buffa. Vicenza: Neri Pozza.

Horkheimer, Max. 1985-1996. *Gesammelte Schriften*. 19 vol. Frankfurt am Main: Fischer.

Lefort, Claude. 1981. *L'invention démocratique: les limites de la domination totalitaire*. Paris: Le Livre de Poche.

Matos, Andityas. 2023. *Contra/políticas da alquimia*. São Paulo: sobinfluencia.

Meyrink, Gustav. 1915. *Der Golem*. Leipzig: Kurt Wolff.

Nadler, Steven. 2013. *A book forged in hell: Spinoza's scandalous treatise and the birth of the secular age*. Princeton: Princeton University.

Neubauer, Sebastian. 2012. Elements of a critical theory of zionism: the jewish state, the disastrous history and the changing functionality of antisemitism in the late thought of Max Horkheimer. *Constelaciones: Revista de Teoría Crítica*, n. 4, pp. 119-132.

Roth, Philip. 1969. *Portnoy's complaint*. New York: Random.

Scholem, Gershom. 1988. *A cabala e seus simbolismo*. Trad. Hans Borger e Jacó Guinsburg. São Paulo: Perspectiva.

Scholem, Gershom. 1989. *Cabala*. Trads. Hinda Burlamaqui, Júlio Cesar Castañon Guimarães e Maria Lúcia White Pereira Braga. Rio de Janeiro: A. Koogan.

Scholem, Gershom. 1995. *Sabatai Tzvi: o messias místico I*. Trad. Attílio Cancian, Ari Solon e Jacó Guinsburg. São Paulo: Perspectiva.

Sosnowski, Saul. 1991. *Borges e a cabala*. Trad. Leopoldo Pereira Fulgencio Junior e Roney Cytrynowicz. São Paulo: Perspectiva.

Spinoza, Baruch. 2021. Trattato teologico-politico. In: *Tutte le opere. Testi originali a fronte*. Ed. Andrea Sangiacomo. Trad. Alessandro Dini. Milano: Bompiani, pp. 629-1136.

Taubes, Jacob. 1947. *Abendländische Eschatologie*. Bern: Francke.

Taubes, Jacob *et al*. 1980. Moral und Politik in der Überflußgesellschaft: eine Podiumsdiskussion von Jacob Taubes mit Herbert Marcuse. In: Marcuse, Herbert. *Das Ende der Utopie: Vorträge und Diskussionen in Berlin 1967*. Frankfurt am Main: Neue Kritik.

Taubes, Jacob. 1996. *Vom Kult zur Kultur: Bausteine zu einer Kritik der historischen Vernunft. Gesammelte Aufsätze zur Religions- und Geistesgeschichte*. Ed. Aleida Assmann, Jan Assmann, Wolf-Daniel Hartwich e W. Menninghaus. München: Wilhelm Fink.

Taubes, Jacob. 2007. *La teología política de Pablo*. Trad. Miguel García-Baró López. Madrid: Trotta.

Zohar. 2003. *The zohar: Pritzker edition*. Trad. Daniel C. Matt. Redwood: Stanford University.

Andityas Soares de Moura Costa Matos

Nascido em Barbacena, Minas Gerais, no ano de 1979. Doutor em Direito e Justiça pela Universidade Federal de Minas Gerais (UFMG). Pós-Doutor em Filosofia do Direito pela *Universitat de Barcelona*. Doutor em Filosofia pela Universidade de Coimbra. Professor Associado de Filosofia do Direito e disciplinas afins na UFMG. Professor visitante na *Universitat de Barcelona* (2015-2016) e na *Universidad de Córdoba* (Espanha, 2021-2022). Pesquisador residente no IEAT/UFMG entre 2017 e 2018. Bolsista de produtividade do CNPq – Conselho Nacional de Desenvolvimento Científico e Tecnológico. Tem interesse em filosofia antiga, desobediência civil, *an-arquia*, democracia radical, teologia política e filosofia radical contemporânea, em especial Benjamin, Heidegger, Agamben, Deleuze e Schürmann, dedicando-se atualmente ao estudo de emblemas barrocos dos séculos XVI e XVII e suas relações com a *an-arquia*.

Yochanan Schimmelpfennig

Nascido na Polônia em 1962, é filósofo independente e judeu sefardita. Estudou Filosofia, Ciência Política e Ciências Sociais na Universidade de Varsóvia. Na década de 1980, ministrou cursos de Filosofia para estudantes de Direito na Universidade Nicolau Copérnico em Toruń. Viveu na Inglaterra por dez anos e visitou Israel com frequência. Nunca foi afiliado a nenhuma instituição acadêmica. Seu percurso filosófico o conduziu de Marx, passando por Spinoza, Nietzsche e Kant até Deleuze, Simondon, Ruyer e Lautman, culminando na formulação do modelo *Possest*-PQF. É autor de mais de quarenta publicações e livros, nos quais desenvolve uma teoria da filtragem da intensidade como estrutura ontológica, epistemológica, física e perceptiva. Trabalha não com disciplinas, mas com séries conceituais, explorando fenômenos por meio de genealogias de singularidades fora do campo representacional e institucional. Atualmente desenvolve o *Possest* como alternativa radical aos modelos contemporâneos de Inteligência Artificial, Biologia, Teoria da Informação e Topologia Espaço-Temporal.

COORDENAÇÃO EDITORIAL Fabiana Vieira Gibim, Rodrigo Corrêa e Alex Peguinelli

PREPARAÇÃO Alex Peguinelli e Mariana Bercht Ruy

PROJETO GRÁFICO Rodrigo Corrêa

REVISÃO Lígia Marinho

Dados Internacionais de Catalogação na Publicação (CIP) de acordo com ISBD

M433k Matos, Andityas
Kabbalah Antision / Andityas Matos, Yochanan Schimmelpfennig. - São Paulo : sobinfluencia edições, 2025.

160 p. : il. : 11cmx 19cm.
Inclui bibliografia.

ISBN: 978-65-84744-57-8

1. Filosofia. 2. Judaísmo. 3. Política. 4. Hebraísmo. 5. Antissionismo. 6. Linguagem. I. Schimmelpfennig, Yochanan. II. Título.

2025-4073 **CDD 100**
CDU 1

Elaborado por Vagner Rodolfo da Silva - CRB-8/9410
Índice para catálogo sistemático:
1. Filosofia 100
2. Filosofia 1

sobinfluencia.com

Galeria Metrópole
Av. São Luís, 187, Sala 12, Piso 1 – República, São Paulo/SP

fontes minion pro e neue haas grotesk
papel avena 80g
tiragem 500 livros
gráfica pallotti